Joachim Schroetter

Kindle direct

ISBN:9798376625613

Die Reise nach Kirchheim-Bolanden

Mozarts Reise in die kleine Residenz.

Das Porträt unten malte die deutsche Malerin Barbara Krafft (1764-1825), es entstand erst 1819, also nach dem Tod von Mozart. Es soll nach übereinstimmender Meinung Mozart am nächsten kommen.

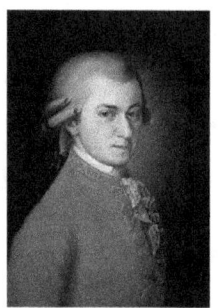

Vorwort

Diese Geschichte, soll so erzählt werden, wie es die historischen Quellen beschreiben und angeben. Der Aufenthalt in Kirchheim-Bolanden dauerte nur ein paar Tage, ist aber für die Kunstgeschichte dennoch von Bedeutung. Die historischen Quellen sind hierzu nicht sehr ergiebig.

Wolfgang Amadeus Mozart besuchte 1778 die kleine Residenz Kirchheimbolanden. Die Originaltexte sind so wiedergegeben, wie es der damaligen Schreibweise entsprach. Von dem umfangreichen Briefverkehr der Familie Mozart sind hier nur einige Briefe näher erwähnt, die im unmittelbaren Zusammenhang oder in einem Bezug zu Kirchheimbolanden stehen.

Auch die historischen Personen, die in diesen Briefen erwähnt werden, müssen der Vollständigkeit halber vorgestellt und behandelt werden um den Gesamtkontext darzustellen.

Die Briefe hat der Verfasser deswegen im Original zitiert, weil sie sehr gut die Gemütsregungen, der Beteiligten wiedergeben und für die Einführung in die Thematik unerlässlich sind.

Es ist sehr reizvoll, diese Briefe einmal aufmerksam zu lesen. Es sind wertvolle Zeitdokumente. Die Briefe der Familie Mozart gehören zu den kostbarsten Dokumenten, die deutsche Künstler je zu Papier gebracht haben.

Sie zeigen uns Probleme, um die es damals der Familie Mozart ging, nicht nur oberflächlich, sondern in ausgiebiger Tiefe auf.

Im Anhang sind einige dieser Briefe im Original aufgeführt. Es lohnt sich, die Briefe zu lesen obwohl es manchmal nicht leicht ist. Und leider kommt man auch nicht, zumal die Briefe oft in einer Geheimsprache abgefasst sind, ohne Fußnoten aus.

Natürlich stellt diese Geschichte, nur eine kleine, aber dennoch wichtige Momentaufnahme im Leben von Wolfgang Amadeus dar und soll die Leserinnen und Leser ein wenig an Mozart heranführen.

Daten zur Person Mozart:

Joannes, Chrysostomus, Wolfgangus, Theophilus (lat. Amadeus)

Mozart wurde als letztes Kind von sieben Kindern des Johann Georg, Leopold Mozart und seiner Frau Anna-Maria Mozart (geb. Pertl) am 27. Januar 1756 in Salzburg geboren. Wolfgang Amadeus Mozart starb am 5. Dezember 1791 in Wien.

Einige wichtige Daten im Leben von Wolfgang Amadeus Mozart:

1761: erste Kompositionen.

10. August 1763: Zusammentreffen mit Goethe bei einem Konzert.

10. September 1766: Familie Mozart trifft in Den Haag ein. Sechsmonatiger Aufenthalt. Erstes Zusammentreffen mit der Prinzessin von Oranien.

23. Oktober 1767: Blattern - Epidemie in Wien. Mozart macht sich nach Brünn auf.

13. Dezember 1769: Beginn der ersten Italienreise.

5. Juli 1770: Er erhält von Papst Clemens XIV, die Insignien des päpstlichen Ordens: goldenes Kreuz am roten Band, Degen und Sporen.

5. Januar 1771: Mozart wird zum Ehrenkapellmeister der accademia filarmonika di Verona ernannt.

13. August 1771: zweite Italienreise.

21. August 1772: Mozart wird zum besoldeten Konzertmeister ernannt.

30. Oktober 1777: Ankunft in Mannheim. Zusammentreffen mit den Mannheimern Hofmusikern,

Friedrich Ramm, Johann Baptist Wendling und Johann Christian Cannabich sowie Abbe' Vogler.

23. Januar 1778: Abstecher nach Kirchheimbolanden zur Prinzessin Karoline von Oranien-Nassau-Dietz.

16. Juli: 1782: Uraufführung „Die Entführung aus dem Serail" im Burgtheater.

4. August 1782: Heirat mit Constanze Weber.

17. Juni 1783: Das erste Kind wird geboren.

19. August 1783: Das erste Kind stirbt an „Gedärmfrais" (mit Frais oder Fräs bezeichnete man Krämpfe. Ob diese Krämpfe ursächlich für den Tod des Kindes waren, bleibt einmal dahingestellt. Allerdings muss das
Kind stark gelitten haben.)

Überhaupt sollte man mit den Diagnosen vorsichtig sein. Das ist aber nicht entscheidend, sondern eher die Tatsache, dass der frühe Kindstod, zur damaligen Zeit noch sehr verbreitet war.

9. Februar 1784: Beginn des Werkverzeichnisses, das später durch Ludwig Ritter von Köchel in das Köchelverzeichnis (KV) übernommen wurde.

21. September 1784: Das zweite Kind, Carl Thomas, wird geboren, es stirbt am 31. Oktober 1858 in Mailand.

Am 14. Dezember 1784, wird er in die Freimaurerloge „Zur Wohltätigkeit" aufgenommen. Später tritt auch der Vater ein.

1. Mai 1786: Uraufführung von „Le nozze de Figaro" (Die Hochzeit des Figaros) im Burgtheater.

18. Oktober 1786: Das dritte Kind wird geboren. Es stirbt am 15. November 1786.

Mai 1787: Tod von Vater Leopold.

Oktober 1787: Uraufführung „Il dissiluto punito ossia il Don Giovanni" (Der bestrafte Wüstling oder Don Giovanni') in Prag.

7. Dezember 1787: Ernennung zum K. und K. Kammermusikus.

27. Dezember 1787: Das vierte Kind wir geboren und stirbt am 29. Juni 1788.

16. November 1789: Das fünfte Kind stirbt nach einer Stunde.

26. Januar: 1790: Uraufführung " Cosi fan tutte" im Burgtheater.

26. Juli 1791: Franz Xaver Wolfgang wird geboren. Er stirbt am 29. Juli 1844 in Karlsbad.

6. September 1791: Uraufführung „La clemenza di Tito" im Nationaltheater in Prag.

30. September 1791: Uraufführung „Die Zauberflöte" im Freihaustheater auf der Wieden, in Wien. Mozart dirigiert.

5. Dezember 1791: Wolfgang Amadeus Mozart stirbt. Er war wohl der bedeutendste Komponist, den die Welt je hervorgebracht hat. Sein musikalisches Schaffen umfasst 626 Werke, die im Köchelverzeichnis aufgeführt sind. Zum Teil leider manchmal nur als Fragment.

Sein musikalisches Können umfasst alle kompositorischen Musikgattungen, wie Opern, Sinfonien, Sonaten, Divertimento, Serenaden, Konzerte, Requiems, Kirchenmusik, Chorale, Rezitative und Arien, Adagios, Variationen, Messen, Lieder, Allegro, Allegretto, Andantes, Quartette, Rondos, Notturni, Märsche, Ballette, Tänze,

Kantaten, Kanons, Kammermusiken, Fantasien, Oratorien, Polonaisen, Fugen, geistliche Werke, Instrumentationen, Suiten, Transkriptionen, Duette, Duos, Singspiele und Bühnenmusiken. Kurzum, der Mann war ein Genie. Eigentlich gab es kein Musikgenre, das er nicht beherrschte.
Einmalig!
Mozart war sehr oft von Krankheiten gequält, unter anderem durch die Blattern, die ihn in seiner Schaffenskraft oft stark beeinträchtigten und ihm seine ganze kreative Kraft und Vitalität abverlangt.

Oft hatte er massive Geldsorgen und musste sich bei Wucherern Geld leihen, was ihn wegen der hohen Zinsen, die er zu zahlen hatte, immer tiefer nach unten drückte. Deswegen war er auch froh, wenn er ein Auftragswerk schreiben konnte. Mozart und seine Familie unternahmen mehrere Konzertreisen durch ganz Europa.

1766 besuchte er unter anderem auch Holland, Den Haag und Amsterdam und lernte am Hof der Oranier die Prinzessin Karoline von Oranien-Nassau–Dietz kennen und schätzen.

Mozart heiratete am 4. August 1782 Constanze Weber, die Schwester von Aloysia. Constanze gebar insgesamt sechs Kinder, wovon nur zwei, Carl Thomas und Franz Xaver Mozart, am Leben blieben. Die beiden überlebenden Kinder blieben selbst kinderlos, sodass es von Wolfgang Amadeus Mozart keine Nachkommen gibt.

Was bedeutet es eigentlich für eine Mutter, die unter starken Schmerzen sechs Kinder geboren hat, wovon vier bald sterben. Im Januar 1778 besuchte Wolfgang Amadeus Mozart, der mit seiner eigenen Kutsche, mit er von Mannheim anreiste, die Prinzessin Karoline von Oranien- Nassau- Dietz in der kleinen Residenz Kirchheimbolanden. Hier hatte er, wie unten beschrieben, ein paar schöne, entspannte Tage, die in seinem kurzen Leben eher selten waren.

„Das Herz adelt den Menschen."

Wolfgang Amadeus Mozart.

Aufenthalt in Den Haag

und Amsterdam.

Um die Zusammenhänge der Reise nach Kirchheimbolanden im Jahre 1778 besser zu verstehen und richtig einordnen zu können, ist es vorab erforderlich, kurz auf Mozarts Hollandreise von September 1765 bis Ende März 1766 einzugehen.

Die Hollandreise muss im Zusammenhang mit der Reise nach Kirchheimbolanden gesehen werden. Im Rahmen dieser großen Europareise besuchte Wolfgang Amadeus mit seinem Vater Leopold und der Schwester Maria Anna (Nannerl) die Residenz in Den Haag. Eigentlich stand Den Haag nicht auf dem Reiseplan von Leopold Mozart, er wollte direkt nach London, ließ sich aber dann doch überreden einen Abstecher, über Den Haag zu machen.

Wenn auf dieser Reise nicht ein kleines Wunder geschehen wäre, hätte es die Reise, zwölf Jahre später im Januar 1788 in die kleine Residenz nach Kirchheimbolanden, wohl nicht mehr geben können.

Vater Leopold Mozart, mit Tochter Anna-Maria und Wolfgang, waren am 10. September 1765 an den Hof von Oranien in Den Haag eingeladen. Dort traf die Familie zum ersten Mal, anlässlich eines Konzerts, mit der Prinzessin Karoline von Oranien-Nassau– Dietz (17431787), zusammen, zu der er nun zwölf Jahre später in die Residenz nach Kirchheim–Poland eingeladen war.

Vater Leopold schreibt darüber u. a. folgendes: Am 10. September erreichten sie nach großen Strapazen endlich Den Haag, quartierten sich bei einem Uhrmacher ein und ga-ben zwei Tage später schon das erste Konzert am Hof der Niederlande, aber ohne Nannerl: Sie brach nach der Ankunft zusammen und konnte nicht mehr auftreten. Es ging ihr sehr schlecht. Die Ärzte rätselten: Waren es die Pocken? Nein, offenbar litt sie an Typhus. Leopold Mozart: „Ich sah meine Tochter täglich abnehmen; sie hatte nun nichts mehr als Haut und Knochen... Der Arzt hatte selbst keine Hoffnung mehr." Vater und Mutter versuchten, die Kranke in langen Gesprächen auf den Tod vorzubereiten, sie „von der Eitelkeit dieser Welt, von dem glückseligen Tode der Kinder" zu überzeugen, „da inzwischen der Wolfgang im anderen Zimmer sich mit seiner Musik unterhielt." Er durfte wegen der Ansteckungsgefahr nicht zur Schwester und komponierte in dieser Zeit seine dritte Sinfonie. Leopold Mozart spricht hier von der dritten Sinfonie, später im Köchelverzeichnis wurde sie als 5. eingetragen.

Die Prinzessin war die Tochter von Wilhelm IV. von Oranien (1711-1751). Die Mutter war Anna von Hannover (1709-1759), die Tochter von Georg II. (Anna von Großbritannien, Irland und Hannover Prinzessin Karoline war verheiratet mit Carl Christian von Nassau–Weilburg.

Mit „außerordentlicher Begierde und großer persönlicher Freude, wie es die Prinzessin ausdrückte, wollte sie unbedingt das Wunderkind aus Salzburg kennenlernen, von dem sie schon viel Positives gehört hatte. Sie sehnte den Augenblick herbei, bis Mozart ihr etwas von seiner wunderschönen Musik vorspielen würde. Da sie selbst sehr musikbegabt war und über eine gute Gesangsstimme verfügte, begleitete sie ihren Gesang am Klavier selbst.
Vater Leopold Mozart fühlte sich sehr geschmeichelt, dass er am Hof der Prinzessin von Oranien so herzlich aufgenommen wurde und witterte gute Geschäfte. Er hoffte, einen Kompositionsauftrag zu erhalten. Der Hollandaufenthalt war kompositorisch eine sehr fruchtbare Zeit, denn während des sechsmonatigen Aufenthalts in Holland komponierte Wolfgang
Amadeus Mozart die unten aufgeführten Werke: Sinfonie Nr. 5, B-Dur, KV 22, in

Den Haag. Klassische Sinfonie in drei Sätzen aus dem Jahr 1765.

Arie für Sopran und Streicher „Conservati fedele" KV 23, naturbedingte Fedele: „Bleiben sie treu". Entstanden in Den Haag. Ferner acht Variationen für Klavier, über das holländische Lied, „Laat ons juichen, batavieren. Von Christian Ernst Graaf. KV 24, in Den Haag.

Sieben Variationen für Klavier über das holländische Lied „Willem van Nassau", KV 25, entstanden in Amsterdam. Danach folgten, sechs Sonaten für Cembalo und Violine,

KV 26-31, die alle der Prinzessin Karoline gewidmet sind." Six Sonates pour le Clavecin avec l'Accompaniment de Violin dedi'ees a'S.A.S. Madame la Princesse „ KV 26 -

31. Komponiert in Den Haag.

Sowie Galimathias Musicum (sinnloses Geschwätz) ein Quodlibet (improvisatorisch vorgetragene Aneinanderreihung verschiedener Melodien) für Orchester, (im Gegensatz zum Potpourri) KV 32 und verarbeitete darin, bekannter Lieder seiner Zeit. Diese widmete er dem Prinzen von Oranien, aus Anlass der Installation des Prinzen.

Komponiert, wurde das Quodlibet in Den Haag.

Das Bild unten zeigt Prinzessin Karoline von Nassau- Oranien- Diez (1743- 1787) auf einem Ölgemälde von Pieter Fre`de´ric de la Croix.

Solche weltoffenen, humanen und musikalisch aufgeschlossenen Persönlichen und Gönner, haben sich um die Kulturgeschichte
verdient gemacht.

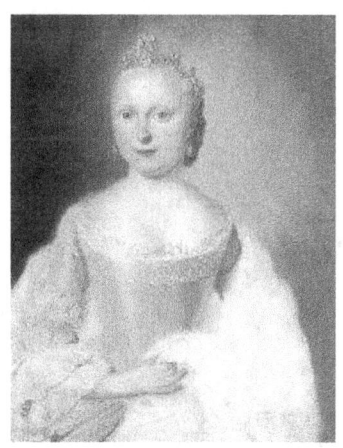

Es zeigt eine intelligente den Künsten aufgeschlossene junge Frau.

Sie war eine ungewöhnliche Frau. Sie förderte mit Konzerten und Theateraufführungen die Künstler und das kulturelle Leben in der Stadt. Sie sang selbst und spielte Klavier.

Sie war sehr sozial engagiert und gründete eine Pensionskasse für die sozial Schwachen und Armen. Sie brachte zwölf Kinder zur Welt und starb mit nur 44 Jahren in Kirchheimbolanden. Eine bemerkenswerte Frau.

Das wunderschöne Bild von Anton Wilhelm Tischbein (1730-1804) zeigt die Prinzessin mit ihren Kindern. Das Bild ist etwa 1777-1778 entstanden, also etwa in der Zeit, zu der sich Wolfgang Amadeus in Kirchheimbolanden aufhielt.

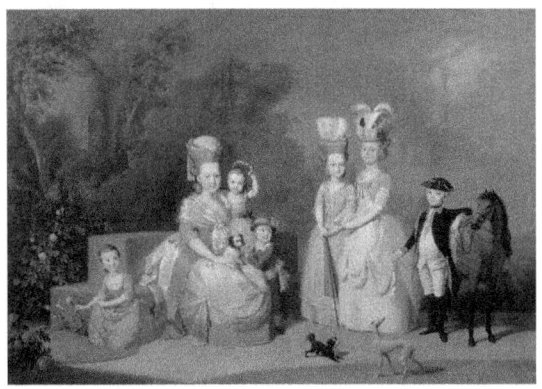

Widmungen zu schreiben, war bei Wolfgang Amadeus Mozart nichts Außergewöhnliches. Er tat es häufig. Insbesondere gegenüber dem weiblichen Geschlecht sprach Mozart gerne Widmungen aus.

Beispielsweise widmete er seiner Klavierschülerin Therese von Trattern die Sonate KV 457 sowie die Fantasie, KV 475. Aber natürlich auch gegenüber berühmten und mächtigen Persönlichkeiten, deren Gunst er gerne für sich in Anspruch nehmen wollte. Bei der Prinzessin von Oranien allerdings spielten keine geschäftlichen Interessen eine Rolle, sondern vielmehr die tiefe Dankbarkeit, die er seiner Lebensretterin damit ausdrücken wollte. Die oben aufgeführten Werke stellen ein ganz erstaunliches Arbeitsergebnis eines schmächtigen, 10- jährigen Jungen dar, die geprägt sind von hoher musikalischer Qualität und Präzision. Diese Werke wurden in nur sechs Monaten von Mozart komponiert und zeigen die unfassbare Genialität dieses jungen, sich noch in der Entwicklungsphase befindlichen und von Krankheiten geplagten Komponisten erneut eindrucksvoll. Das Konzert am Hofe in Den Haag musste Wolfgang allein spielen, weil seine Schwester, Maria-Anna, das Nannerl

genannt, am 12. September 1765 überraschend und lebensgefährlich an Bauchtyphus (Typhus abdominalis, Salmonellenvergiftung) erkrankte und der Krankheitsverlauf so dramatisch verlief, dass sich der Vater veranlasst sah, ihr die heilige Ölung spenden zu lassen.
Nannerl fror trotz des hohen Fiebers und zitterte am ganzen Körper.

Leopold Mozart war tief besorgt und flehte den Allmächtigen an, dass dieser Kelch noch einmal an ihnen vorübergehen möge. Er schrieb: *"Ich sah meine Tochter täglich abnehmen, sie hatte nun nichts mehr als Haut und Knochen."*

Sie fiel ins Delirium und man bangte um ihr Leben. Als die Prinzessin davon erfuhr, schickte sie ohne Umschweife ihren Leibarzt, den pensionierten Professor Schwenke, zu Maria – Anna. Professor Schwenke (1693-1767) war Chirurg und Anatomiedirektor. Und nachdem Maria–Anna Mozart gerade auf dem Weg der Besserung war und

Schwenke sie medizinisch gut versorgt hatte, erkrankte am 12. November 1765 auch Wolfgang an dieser Krankheit, die ihn mehrere Wochen ans Bett fesselte. Erst im Frühjahr 1766 erholte er sich langsam wieder, was einem kleinen Wunder gleicht und manchen als göttliche Fügung erscheinen mag. Vater Leopold war verzweifelt und er spendete in seiner Not Geld für Messen in Salzburg. Als Prinzessin Karoline von Wolfgangs Erkrankung erfahren hatte, war sie tief betroffen und schickte erneut ihren Leibarzt, Professor Schwenke, zu den Mozarts.

Schwenke behandelte, den bereits stark geschwächten Wolfgang und brachte die Krankheit im Frühjahr 1766 tatsächlich zum Stillstand.
Leopold Mozart war sehr dankbar.
Trotz seiner enormen körperlichen Schwächung, die von Fieber und Schüttelfrost begleitet war, hat Wolfgang Amadeus Mozart die oben angeführten

Kompositionen mit großem Fleiß und viel Energie doch vollendet. Diese fast unmenschliche Leistung kann nur derjenige richtig ermessen, der selbst mal in einer derartigen Situation war.

Vater Leopold war überglücklich, dass seine beiden Kinder nun gesund waren und die Familien wieder gemeinsam Konzerte, die den Lebensunterhalt sicherten, geben konnten. Die Konzerte der Kinder waren die einzige Einnahmequelle der Familie. Wenn die Kinder kein Konzert geben konnten, blieb Leopold Mozart nichts anderes übrig, als selbst zu spielen oder Freunde, wenn mal wieder Ebbe in der Familienkasse war, um Geld anzupumpen. Heute würde man sagen, er war froh, dass seine "Stars" wieder gesund waren.
Die Heilung von Wolfgang und seiner geliebten Schwester, in Verbindung mit der medizinischen Kunst von Professor Schwenke, ist somit der großzügigen Initiative und gütigen Hilfsbereitschaft der

musikbegabten und musikbegeisterten Prinzessin Karoline von Oranien-Nassau-Dietz, der Tochter von Wilhelm IV von Oranien zu verdanken.

Diese großartige, für die damalige Zeit nichtselbstverständliche Geste der Prinzessin, kann nicht hoch genug eingeschätzt und gewürdigt werden. Ohne diese Hilfe wäre vielleicht Mozarts Leben schon mit 9 Jahren beendet gewesen. Es hängt mit ihrem sozial stark geprägten Charakter und ihrem Engagement, anderen zu helfen zu wollen, zusammen.

Auch Nannerls Schicksal ist mit der Prinzessin Karoline von Oranien eng verbunden.

Wie wäre wohl alles verlaufen, wenn die Prinzessin nicht so konsequent gehandelt hätte und dem Zeitgeist der damaligen Zeit folgend, keine Initiative ergriffen hätte.

Gottlob hat uns Mozart noch viele wunderbare

Werke geschenkt, obwohl er viel zu früh verstorben ist. Die Musikwelt wäre um viele wunderbare Kompositionen ärmer worden. Die Prinzessin kann somit als Lebensretterin angesehen werden.

Die Prinzessin war sehr an Musik interessiert, war äußerst musikalisch, hatte eine gute Stimme und konnte ausgezeichnet Klavier spielen. Natürlich hatte sie eine eigene Hofkapelle. Mozart bezeichnete es in einem Brief an den Vater als ein „niedliches Orchester".

Die oben aufgeführten Cembalosonaten, KV 26-31, widmete der wieder genesene und wieder erstarkte Wolfgang der Prinzessin, aus Dankbarkeit für die wundersame Genesung.

Wolfgang war damals neun Jahre alt.

Sein zehnter Geburtstag, am 27. Januar 1766, fiel in die Krankheitsphase.

Er war nicht, wie gelegentlich behauptet wird, in die Prinzessin verliebt, brachte Ihr aber hohen Respekt, tiefe Anerkennung und Dankbarkeit entgegen. Und sehr wahrscheinlich war der junge Mozart, nicht nur von der Prinzessin allein, sondern auch vom Glanz am Oranischen Hofe in Den Haag überwältigt. Es war die Hochachtung, der Respekt und die tiefe Dankbarkeit gegenüber der Prinzessin, die sich nach der überstandenen Krankheit in seinen Augen widerspiegelten. Und wohl auch das Glück, das ihm hold gewesen war, machte ihn glücklich. 1760, im Alter von siebzehn Jahren, hatte die Prinzessin Karl Christian, Fürst von Nassau-Weil-burg, geheiratet. Der Fürst hatte in Mannheim ein Infanterieregiment und kehrte nach dem Ausscheiden aus dem Dienst mit seiner Familie wieder nach Weilburg-Kirchheimbolanden zurück.

Als die Familie Mozart das außerordentliche Vergnügen hatte, die Prinzessin am Hof in Den Haag kennenzulernen, und Wolfgang unter großer körperlicher Anstrengung die Noten der Kompositionen zu Papier brachte, musste der Vater die Feder halten, so geschwächt war er.

Die Originalniederschriften, soweit sie noch vorhanden sind, weisen an einigen Stellen ein zittriges Schriftbild auf, was manche Autoren zu der Annahme verleitet, dies sei auf Tremor zurückzuführen.

Dieses körperliche Zittern kann natürlich, sehr unterschiedliche Ursachen haben. Es kann unter anderem ausgelöst werden durch Kleinhirnstörungen oder durch eine Parkinsonkrankheit, die die Balance der gegenspielenden Muskeln stört und in ihrer Funktion nachteilig beeinträchtigt.

Bei Mozart ist Derartiges, aber niemals attestiert worden.

Es gibt auch sonst keine Anhaltspunkte, die auf Parkinson im jungen Alter schließen lassen. Vielmehr ist es sehr wahrscheinlich, dass die zittrige Schrift allein auf den geschwächten körperlichen Zustand zurückzuführen ist.

Es führt deshalb auch nicht weiter, darüber zu spekulieren, denn in der Zwischenzeit, wurden alle möglichen Theorien aufgestellt, die den frühen Tod von Wolfgang Amadeus Mozart herbeigeführt haben sollen.

Trotz der immer noch vorhandenen körperlichen Schwächung muss Wolfgang am nächsten Reiseziel in Amsterdam ein weiteres Konzert geben.

Und trotz des immer noch nicht zufriedenstellenden Gesundheitszustandes kehrte Leopold Mozart mit seinen beiden Kindern noch einmal anlässlich der Geburtstagsfeier zur Volljährigkeit und der Inthronisationsfeierlichkeiten des Prinzen Wilhelm von Oranien nach Den Haag zurück.

Der junge Mozart spielt zu diesem Anlass an in der oranischen Residenz das Heldenlied der niederländischen Nation: „Wilhelmus von Nassauen", Quodlibet Galimathias musicum KV 32, für Klavier (Cembalo), 2 Violinen, Viola, Bass, 2 Oboen, 2 Hörner und Fagott.

Zwölf Jahre später nun wollte Mozart die Prinzessin von Oranien in ihrer Residenz in Kirchheim-Poland besuchen.

Die Reise nach Kirchheim-Poland

Zwölf Jahre später, im Jahr 1778, sah man sich mit großer Freude am Hof der Prinzessin in Kirchheimbolanden wieder. Wolfgang weilte auf Einladung der Prinzessin in Kirchheimbolanden.
Kirchheimbolanden erlebte unter Fürst Karl – August und seinem Sohn Karl-Christian, dem Gatten von Prinzessin Karoline, seine Blütezeit. Karl - Christian machte 1770 Kirchheimbolanden zum Regierungssitz.

Kirchheimbolanden war ein Dekanat, eine pastorale Einheit in einem Gebiet mit zehn Pfarreien. Dahin wollte Amadeus Mozart mit seiner Begleitung reisen.

Das Gepäck und die Noten waren in der Kutsche verpackt und die Pferde waren ange-spannt und warteten ungeduldig, bis es losgehen würde.

Fürst Karl Christian und seine Gemahlin Karoline von Oranien-Nassau–Dietz auf einer Medaille.

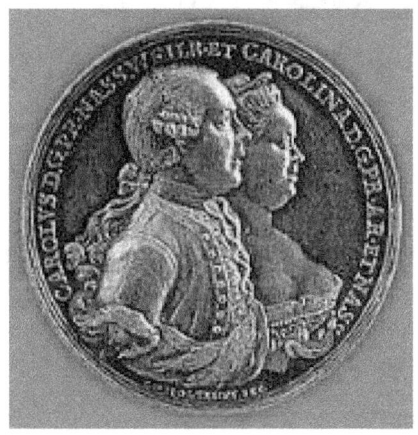

Unten: Schloss Kirchheimbolanden heute.

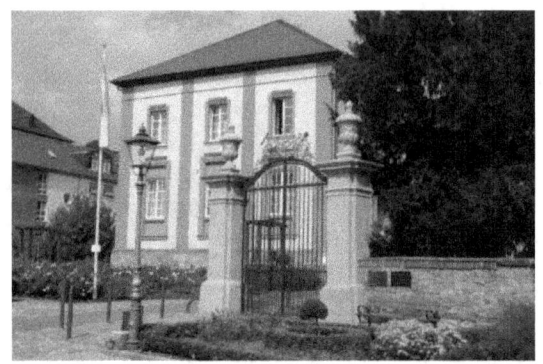

Und das kam so:

Wolfgang weilte zu dieser Zeit mit seiner Mutter Maria- Anna Mozart in Mannheim. Sie bewohnten dort ein Zimmer im Haus des Hofkammerrates **Anton Joseph Serrarius** in der Quadratstadt Mannheim F3,5. Mozart unterrichtete dessen Stieftochter Therese Pierron in

Gesang und Klavier und zahlte deswegen keine Miete. Zu seinen weiteren Schülern gehörte ein holländischer Offizier mit Namen „**de la Potrie**", der sich im Mainzer Hof einquartiert hatte. Mozart unterrichtete den Offizier in „gallanterie " und „general bass", wie er seinem Vater am 20. Dezember 1777 aus Mannheim schreibt, und, wofür er vier Dukaten für 12 Lektionen bekommen würde.

Bei „gallanterie" ist wahrscheinlich „Stegreif - Modulation gemeint. Man will „Galanterie", ein vornehmes Verhalten eines Herrn ausdrücken. Wer eine galante

Rolle spielen soll, kann nicht als grober Klotz auftreten. „Generalbass" auch „Basso continuo" ist ein fortlaufender nicht unterbrochener Bass, mit nicht gekünsteltem, sondern ein natürliches Verhalten, er ist eine spezielle Liedergenres. De la Potrie erzählte Mozart beim Gesangsunterricht, dass ihn die Prinzessin arg gescholten hätte, als er ihr ein gutes neues Jahr gewünscht habe und nach Kirchheimbolanden gereist war und ihn nicht mitgebracht hätte.

„Sie würden sich ja schließlich von Holland her kennen", hätte die Prinzessin bemerkt.

„Sie hätten sechs Cembalosonaten für sie komponiert und sie ihr gewidmet. Sie möchte sich gerne von Ihrem Gesundheitszustand überzeugen und mit eigenen Augen beurteilen, ob es Ihnen gut gehe", sagte de la Pottrie. Und ferner hätte sie gefragt, welche neuen Kompositionen er in der Zwischenzeit kreiert hätte.

„Es sei unverzeihlich, dass sie nicht mitgekommen sei. Ich soll deshalb nachdrücklich bitten, dass Sie, noch bevor Sie sich nach Paris reisen, der Prinzessin mit einem Besuch beehren würde. Es wäre in Kirchheim-Poland alles zu Ihrer Zufriedenheit gerichtet, hätte die Prinzessin mit Nachdruck gesagt und ich er solle auch Noten und Zeit mitbringen."

„Er würde bei seinem Besuch gewiss mit acht Louis d'or rechnen können, denn die Prinzessin sei ja eine große Liebhaberin der Musik", sagte de la Pottrie. Mozart fragte

de la Pottrie, wie lange die Prinzessin noch in Kirchheim-Poland verweilen würde, bevor sie sich wieder zu Besuch nach Holland zu ihrem Bruder aufmachen würde.
Gewohnheitsgemäß besuchte die Prinzessin regelmäßig ihren Bruder in Holland und war in der kleinen Residenz oft nicht anzutreffen.
„Die Prinzessin wäre noch bis Ende Januar in der kleinen Residenz. Es wäre aber ratsam, wenn er seinen Besuch mit einem Kurier vorher anzukündigen würde, damit die entsprechenden Vorbereitungen getroffen werden können."
So reifte bei Mozart der Entschluss, der Prinzessin in der kleinen Residenz Kirchheimbolanden einen Besuch abzustatten.
Da er wusste, dass sie über ein „niedliches" Orchester und über eine gute Stimme verfügte und alle Tage eine Akademie (Veran-staltung) gab", entschloss er sich, eine Sinfonie und vier Arien nach Kirchheimbolanden mitzunehmen, um sie der Prinzessin darbieten zu können.

Er freute sich auf diesen Besuch bei seiner Lebensretterin in Kirchheim-Poland, denn er war immer noch voll großer Dankbarkeit. Er beauftragte den befreundeten Fridolin Weber, der auch Notenkopist war und den er in Mannheim kennengelernt hatte, die Originalnoten abzuschreiben.

Um den Vater, der in Salzburg weilte und nicht an der Reise teilnehmen konnte, nicht unnötig zu beunruhigen, fügte er in seinem Brief vom 17. Januar 1778 schnell hinzu," dass ihn die Copiatur der Arien nicht viel kosten wird, weil ein gewisser Herr Weber welcher mit mir nach Kirchheim-Poland hinübergehen wird, sie abschreiben wird." Aloysia Weber erwähnte er wissentlich nicht. Der Vater verlangte stets auf dem Laufenden gehalten und umfassend informiert, zu werden, insbesondere, was die Ausgaben anbelangte, um alle Unterlagen und Belege, die die Reiseunkosten, wie er es selbst ausdrückte, betrafen, genau kontrollieren zu können.

Der Vater mahnte immer wieder den sparsamen Umgang mit dem knappen Geld an. Sein unsichtbarer Arm war allgegenwärtig und reichte bis nach Mannheim. Am 26. November 1777 schreibt Wolfgang einen Brief, (die Briefe sind im Anhang aufgeführt) an seinen Vater Leopold und teilt ihm die Geschehnisse und Aktivitäten aus Mannheim mit.
Er schreibt unter anderem Folgendes: *"...Nun lustig Allegro, non siate so pegro, wenn wir allerdings von hier weg reisen so gehen wir schnurgerade—wohin? Nach weilburg oder wie es heist zu der Prinzessin, die schwester des Prinz von oranien, die wir a´la Haie so gut gekannt haben. Dort bleiben wir. Nota bene, so lang uns die officirs tafl schmeckt und bekommen doch gewis aufs wenigste 6 Louisd'or..."*

Vater Leopold antwortete am 4. Dezember 1777 und war über das, was Wolfgang ihm mitteilte, entsetzt. Dass Wolfgang seine

Pläne, bald nach Paris zu gehen, so schweifen ließ und sich an der Offizierstafel so lange aufhalten wollte, bis es ihm schmeckte, konnte er nicht verstehen. Er ermahnte seinen Sohn zu mehr Ernsthaftigkeit.

Auch war es wohl eher ein Vorwand, sowie ihm die Freunde angeblich geraten hatten, und so wie er es dann dem Vater schreibt, über den Winter doch lieber in Mannheim bleiben zu wollen. Der wahre Grund dürfte Aloysia Weber sein, die er in Mannheim kennengelernt hatte. Eigentlich sollte er schon nach Paris abgereist sein.

Wie man im Brief unten nachlesen kann, war der Vater ziemlich erzürnt und Wolfgang solle sich erst mal erkundigen: *daß die Prinzessin da ist, denn ohne ursache kann sie nicht da seyn, indem der sitz ihres herrn, vermög seines Soldatenammst, den haag ist….."* „Er solle auch über Frankfort fahren", schreibt der Vater.

Offensichtlich meinte Leopold Mozart mit Weilburg tatsächlich die Stadt an der Lahn, wo sich der Stammsitz des Fürsten befand, sonst hätte er seinem Sohn nicht umständlich erklären müssen, wie er zur Prinzessin fahren sollte.

Von Kirchheim-Poland scheint er bis zu diesem Zeitpunkt nichts gewusst zu haben, und auch nicht, dass die kleine Residenz nur ein paar Stunden von Mannheim entfernt lag und wie die Mutter später schreibt, nur eine Tagreise von Mannheim entfernt liegt. Und „Poland" hatte auch nichts mit Polen zu tun, sondern „Bolanden" und geht auf die Herren von Bolanden zurück, die Reichsministeriale waren und im heutigen Donnersbergkreis ihre Güter hatten.
Weilburg war der Stammsitz und Kirchheimbolanden, wurde vom Fürsten als 2. Landesresidenz ausgewählt und war später ständiger Regierungssitz.

In dem Brief vom 4. Dezember 1777 mahnt Leopold Mozart seinen Sohn auch, sich nicht zu lange in Weilburg aufzuhalten, weil es dort keine katholische Kirche gäbe. *" In Weilburg habt ihr zu bedenken, daß ihr keine Kmtusesocul kfrcul (1) finden werdet, da alles ehtulrfocu oder Cmevfnfocu fot (2). Ich will also daß ihr euch nicht zu lange auf hält."*

Es handelt sich um eine Art Geheimsprache, die zwischen den Familienmitgliedern brieflich ausgetauscht wurde. Offensichtlich wollte man vermeiden, dass unbefugte relevante Aussagen, insbesondere über wichtige Personen, erführen und dies gegen die Familie ausspielen konnten.
Wir wollen uns deshalb ein wenig damit beschäftigen. ich werde versuchen, die Geheimsprache aufzulösen.

Auflösung der Chiffren:

1. katholische Kirche

2. lutherisch oder calvinistisch.

Woher Vater Leopold diese Erkenntnis hatte, ist unklar, denn es gab seit der merowingischen Zeit schon die erste katholischen Kirche. Das war auch eine Schutzbehauptung. Kirchheim war zwar seit 1560 Sitz einer lutherischen Inspektion, das heißt Sitz eines Dekanats.

Ende des 17. Jahrhunderts bestand die überwiegende Zahl der Bevölkerung im Fürstentum Nassau-. Weilburg aus Lutheranern.

Die Zahl der Katholiken war gering. Grundsätzlich bestand zwar Religionsfreiheit, doch war es für die Katholiken in der Folgezeit schwer, öffentliche Ämter, zum Beispiel Lehrer, zu besetzen. Erst auf Druck des Kurfürsten von Mainz und des Kurfürsten von der Pfalz erhielten die Katholiken mehr Rechte.

Durch den Bolanden – Vertrag von 1706 kamen viele reformierte

Gemeinden unter die Herrschaft des Fürsten von Nassau– Weilburg. Aber dennoch lebten in Kirchheim-Poland keine Menschenfresser. Und Wolfgang Amadeus Mozart hatte während seines Aufenthalts in der kleinen Residenz weder seelisch noch körperlich Schaden genommen. Im Gegenteil, es war ihm dort sehr gut ergangen.

Vielleicht hatte Leopold Mozart, den die Geschehnisse in der Welt stark interessierten, von den Verhältnissen in Weilburg gehört und deswegen dem Sohn den Rat gegeben, nicht zu lange in Weilburg zu verbleiben. Obwohl Wolfgang, im Brief an den Vater vom 26. November, erwähnte, dass er schnurgerade nach Weilburg gehen wollte, dauerte es immerhin bis zum 17. Januar 1778, als Wolfgang seinem Vater nun endlich seine Reisepläne nach Kirchheim-Poland mitteilt und ihn Folgendes wissen lässt:

„Künftigen Mittwoch werde ich auf etliche Tage nach KirchheimPoland zu der Prinzessin von Oranien gehen; man hat mir hier so viel Gutes von ihr gesprochen, daß ich mich endlich entschlossen habe. Ein holländischer Offizier (3), der mein guter Freund ist, ist von ihr entsetzlich gescholten worden, daß er mich, als er mich als er hinüberkam, ihr das Neujahr anzuwünschen, nicht mitgebracht habe. Auf das Wenigste bekomme ich doch acht Louisd'or, denn weil sie eine außerordentliche Liebhaberin vom Singen ist, so habe ich ihr vier Arien abschreiben lassen, und eine Sinfonie werde ich ihr auch geben, denn sie hat ein ganz niedliches Orchester und giebt alle Tage Akademie.
Die Copiatur von den arien wird mich auch nicht viel kosten, denn die hat ein gewisser Herr Weber (4) Welcher mit mir hinüber gehen wird, abgeschrieben. Dieser hat eine Tochter (5), die vortrefflich singt und eine schöne Reine Stimme hat, und ist erst 15 Jahre alt. Es geht ihr nichts als die Action ab, dan kann sie auf jedem Theater die

Primadonna machen. Ihr Vater ist ein grundehrlicher deutscher Mann, der seine Kinder gut erzieht, und dies ist eben die Ursache, warum das Mädel hier verfolgt wird. Er hat 6 Kinder, 5 Mädel und einen Sohn. Er hat sich mit Frau und Kindern 14 Jahre mit 200 Fl. begnügen müssen, und weil er seinem Dienste allezeit gut vorgestanden und dem Churfürsten eine sehr geschickte Sängerin gestellt hat, so hat er nun- ganze 400 fl. Meine Arien von der de Amicis (6) mit den entsetzlichen Passagen singt sie vortrefflich, so wird diese auch zu Kirchheim singen."

De la Pottrie (3)

De la Pottrie, war anderen Literaturquellen nach zu urteilen, zum Beispiel Wikipedia, kein holländischer, sondern ein dänischer Offizier. Oberst, Ferdinand Guillaume Duval de la Pottrie, stammte aus der französischen Schweiz und war der Erzieher und Vormund von Karl Christian von Nassau –Weilburg, dem Gatten von Prinzessin Karoline. De la Pottrie nahm seinen Zögling mit nach Lausanne. De la Pottrie war zu Lebzeiten von Karl August von Nassau- Cystein, dem Vater von Karl Christian, Statthalter und Chef aller Landesdikasterien gewesen. De la Pottrie war also am Fürstenhof in Kirchheimbolanden gut bekannt und kannte das Fürstenpaar persönlich. Weil de la Pottrie in Diensten des Fürsten von Nassau-Weilburg stand, dachte Mozart, es handele sich um einen holländischen Offizier.

Karl Christian begab sich später in holländische Dienste und stieg zum General auf.
Ob zwischen de la Pottrie und Mozart, über den er bereits in seinem Brief vom 20. Dezember 1777 dem Vater berichtet, über den allgemeinen Gesangsunterricht hinaus, weitere menschliche Kontakte bestanden und was Mozart veranlasste, de la Pottrie als

seinen Freund zu bezeichnen, ist leider nicht überliefert.

Wie tief war ihr Verhältnis. Mozart spricht lediglich davon, dass de la Pottrie sein „Scolar" sei, mit dem er in die reformierte Kirche gegangen sei und eineinhalb Stunden Orgel gespielt hätte. (Brief vom 27. Dezember
1777)

Es ist nur bekannt, dass Mozart schnell Freundschaft mit Menschen schloss, aber ebenso schnell auch sehr oft enttäuscht wurde.
Franz Fridolin Weber. (4)
Der oben erwähnte Herr Weber, ist **Franz Fridolin Weber,** Amtmann der schönauischen Herrschaft zu Zell im Wiesental, wurde später Mozarts Schwiegervater. Allerdings heiratete Mozart nicht dessen Tochter Aloysia, seine Jugendliebe, mit der er nach Kirchheim-Poland aufgebrochen war, sondern später

deren jüngere Schwester Konstanze, genannt „Stanzl".

Fridolin stand im Dienst von Baron von Schönau, man stempelte aufgrund einer Intrige zum Sündenbock. Der Baron von hatte viel Schulden, auch bei Fridolins Vater.

Da er das Geld nicht zurückzahlen konnte, setze ihn der Baron kurzerhand als Amtmann ein. Um die Schulden zu verschleiern, wies der Baron Fridolin Weber an, die Buchhaltung zu manipulieren. Ab diesem Zeitpunkt war Fridolin erpressbar. Er wurde entlassen, war nun selbst hoch verschuldet und musste sich neue Arbeit suchen. Er zog mit seiner Familie nach Mannheim, um dort recht mühsam, seinen Lebensunterhalt zu verdienen.

Aloisia Weber (5)

Maria Alosia Antonia Lange geb. Weber stammte ebenfalls aus Zell im Wiesental. Sie wurde eine bekannte Sängerin und heiratete später den Hofschauspieler **Joseph Lange** und machte sich als hervorragende Sopranistin, Interpretin und Gesangspädagogin einen Namen. Mozart schreibt über seine Schwägerin, dass sie die entsetzlichen Passagen von der „de Amicis" vortrefflich singen würde.

Wenn Mozart, die erst 16- jährige Aloysia Weber, die sich noch in der Ausbildung befand, mit Lucia de Amicis vergleicht, so ist sein Urteil wohl nicht ganz objektiv, denn spielt hier auch seine Verliebtheit wohl eine große Rolle. Dennoch ist bekannt, dass Aloysia über eine gute Stimme verfügte. Selbst wenn er gegenüber dem Vater ihre musikalischen Fähigkeiten, die sie ohne Zweifel besaß, hervorhebt, so erkennt man doch seine große Liebe zu Aloysia.

Er war Feuer und Flamme und schrieb einmal: *Ich möchte keine Geldhochzeit. So möchte ich nicht Heiraten, ich will meine Frau glücklich machen, und nicht mein Glück durch Sie machen.* Nun bis dahin war es noch ein weiter Weg und an Heirat war überhaupt nicht zu denken.

Was die musikalischen Fähigkeiten von Aloysia anbelangte, so war natürlich Mozart dazu besonders prädestiniert, dies richtig zu beurteilen und einzuordnen. Wie sich später zeigte, wurde Aloysia Weber eine grandiose Sängerin mit einem großen Repertoire. Mozart liebte die Frauen oder besser gesagt er war sehr oft, in die weiblichen Wesen verliebt.

War es nun **Elisabeth Augusta Wendling**, **Rose Cannabich** oder **Therese Trattern**. U allen empfand er Sympathien und geizte nicht mit Komplimenten, aber Aloysia war für ihn etwas ganz Besonderes. Er sah sie durch die rosarote Brille des Verliebten und wäre am liebsten mit ihr sofort nach Italien gegangen. Aloysia Weber, Tochter von Fridolin Weber.

Das Gemälde ist von J. B. Lampi (1784).

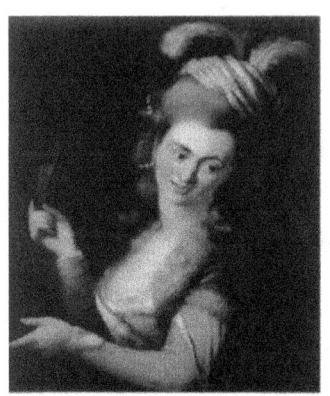

Anna de Amicis (6)

Anna-Lucia de Amicis – Buonsollazzi (1733-1816) war eine berühmte italienische Sängerin. Sie wurde in Neapel geboren und war die Tochter des Bassisten Domenico de Amicis. Mozart hatte sie in Mainz, Venedig und Neapel gehört und war von ihrem Gesang sehr angetan.

Der sonst eher zurückhaltende und mit Lob sparsam umgehende Vater Leopold Mozart sagte über sie: „Sie singt und agiert wie ein Engel."

Sie wurde durch Johann Christian Bach, einem Sohn von Sebastian Bach, nach London an die Oper gebracht. Sie trat in Mozarts Oper Lucio Silla" als Sopranistin auf.

Anna– Lucia de Amicis war damals bereits ein Star und war an allen Bühnen ein gern gesehener Gast. Endlich sollte es nun losgehen. Das Gepäck und die Noten waren in der Kutsche verstaut und das Pferd wartete geduldig, bis es seine Arbeit verrichten konnte. Fridolin Weber setzte sich auf den Kutschbock. Als ehemaliger Hauptmann war er es gewohnt, Kutschen sicher zu lenken. Die beiden Verliebten nahmen im Inneren, auf den harten nur mit Stroh gepolsterten Sitzen, Platz. Die Kutsche setzte sich mit einem deutlichen Ruck in Bewegung.

Die Prinzessin, so hatte es de la Pottrie berichtet, würde sich noch bis Ende Januar in Kirchheimbolanden aufhalten, um dann wieder nach Holland zurückzukehren. Auf der anderen Seite drängte Vater Leopold seinen Sohn, sich nun endlich nach Paris, dem eigentlichen Ziel der Reise, aufzumachen. „Er solle nicht tausend Narrenpossen treiben, sondern sich ernsthaft auf seine eigentlichen Aufgaben konzentrieren."

An der Reise in die kleine Residenz nahmen außer Mozart also noch teil: **Fridolin Weber (1733- 1779)**, Amtmann der schönauischen Herrschaft zu Zell im Wiesental, später in Mannheim als Bassist, Souffleur und Notenkopist tätigt, sowie seine Tochter Aloisia. Fridolin und Aloysia Weber waren nicht eingeladen, Mozart brachte sie einfach mit.

Am 23. Januar 1778, vier Tage vor seinem 22. Geburtstag, machte sich Wolfgang Amadeus Mozart, von Mannheim kommend, auf eine Reise nach Kirchheimbolanden, in einer „galant bedeckten, viersitzigen Kutsche", wie er Vater Leopold in seinen Brief vom 4. Februar 1778 berichtete.

Die oben im Brief von Mozart erwähnte Anna de Amicis war eine berühmte Sängerin, die sich weit über die Grenzen von Italien als Sopranistin einen Namen gemacht hatte. Sie wurde durch Johann Christian Bach, dem jüngsten Sohn von Johann Sebastian Bach, in London als Primadonna an die Opera seria (7) gebracht. Bei den entsetzlichen Passagen, von denen Mozart spricht, handelt es sich um Passagen aus Mozarts Oper „Lucio Silla", KV 135. Sie handelt vom Leben des römischen Diktators Lucius Cornelius Sulla Felix.

Kurz nach Mozarts Abreise aus Mannheim schreibt auch Anna Maria Mozart am 24. Januar 1778 an ihren Mann und berichtet: *"der wolfgang ist göstern in der fruh, mit den herrn weber und seiner Mamsell Dochter, nach Kirchheimbolland, zu der Prinzessin Weilburg abgereiset, vor 8 tägen glaubte ich schwerlich das sie sie wird fortlassen dan sie ist eine ungemeine liebhaberin der Music, spilt Clavier und singt, der wolfgang hat sich mit arien und sinfonien versehen, um ihr solche zu presendirn, der orth ist nur 10 stund von hier und also nur eine kleine dag Reise, die prinzessin ist bestendig in diesen orth und Reist nur etwas auf 2 monath des jahrs nach holland, ihren herrn bruder zu besuchen....*

Dass die Prinzessin eine große Musikliebhaberin war, ausgezeichnet Klavier spielte und vorzüglich sang, dürfte Leopold Mozart wohl noch vom Hollandbesuch in guter Erinnerung gewesen sein.
Nach etwa neunstündiger, beschwerlicher Reise, Mozart litt an Gelenkrheumatismus, erreichten sie endlich den Vorstadtturm, das Südtor von Kirchheim-Poland, wo sich eine Zugbrücke befand. Sie fuhren, nachdem sie sich ausgewiesen und ihre Namen auf einen Zettel geschrieben hatten, an der

Stadtmauer vorbei zum Marstall, wo das Pferd versorgt und die Kutsche gewartet wurde.

Die „galante Kutsche" war, wie es Mozart im Brief an den Vater ausdrückt, Eigentum der Familie Mozart. Vater Leopold hatte sie aus zweiter Hand gekauft, um seinen Reisenden ein wenig mehr Komfort zu verschaffen. Und weil oft Geldnot herrschte, fragte Mozart beim Vater an, ob er die „Chaise" verkaufen könne. Der Vater antwortete: *"Die Chaise müsst ihr bey Leibe nicht verkaufen."*

Das Wort „Chaise „darf hier natürlich nicht allzu wörtlich genommen werden, denn der Begriff trifft auf eine Kutsche im eigentlichen Sinne nicht zu. Chaise ist eigentlich ein einfaches Gefährt, das sich im Allgemeinen nicht zur Beförderung von Personen eignete. Bei der Kutsche dürfte es sich um eine zweirädrige Sedia gehandelt haben.

Die Reisen meistens mit der Kutsche waren sehr strapaziös und im Winter besonders anstrengend. Oft lauerten Wegelagerer den Kutschen auf, wenn sie ohne entsprechende Sicherungsbegleitung unterwegs waren. Die Wege waren nicht befestigt und zumeist stark aufgeweicht, sodass die Pferde große Mühe hatten, die Kutschen durch den Schlamm zu ziehen. Man kann sogar davon ausgehen, dass die vielen Reisen Mozart in seiner Gesundheit nicht zuträglich waren. Bis Kirchheim-Poland war es von Mannheim allerdings nur eine Tagesreise, wie die Mutter an ihren Gatten schreibt. Dennoch nahm die Familie Mozart immer wieder beschwerliche Zweckreisen in Kauf. Sie waren dazu gezwungen.

Wolfgang schrieb im September 1778 einmal dazu: *"Ein Mensch von mittelmäßigen Talent bleibt immer mittelmäßig, er mag reisen oder nicht – aber ein Mensch von superieuren Talent (welches ich mir selbst, ohne gottlos zu seyn, nicht absprechen kann) wird- schlecht, wenn er immer in den nemlichen Ort bleibt."* Das wird einer der Gründe dafür gewesen sein, warum die Familie so oft reiste. Wobei die Reise nach Kirchheim-Poland wohl zu den Lustreisen im Leben von Mozart zählt, denn er knüpfte an diese Reise keine Erwartungen.

Abends giengen wir nach hof, das war Samstag; da sang die Mademoiselle Weber 3 arien", schreibt Wolfgang vor Stolz.
Zuvor bezogen sie aber Quartier im Gasthof „Zum Schwarzen Adler".
Schon bevor sie den Gasthof erreichten, schlug ihnen ein Stimmengewirr, gleich einem summenden Wespenschwarm und Schwaden von Rauch und Küchendampf entgegen. Als sie müde und abgespannt, alle in die Wirtsstube traten, konnten sie durch die blauen Rauchschwaden zunächst nichts erkennen. Sie waren froh, als sie in ihrem Quartier heil gekommen waren, dass die Kutsche nicht überfallen worden war, weil

auf der Strecke nach Kirchheim – Poland, sich vor Kurzem ein Überfall ereignet hatte, wie Fridolin Weber in Erfahrung gebracht hatte. Der Wirt kam sofort auf sie zu und begrüßte sie, sich tief verbeugend.

„Wir wünschen hier für ein paar Tage Quartier, zu nehmen", sagte Mozart ohne Umschweife, „hab Ihr etwas frei."

„Gewiss mein Herr", sagte der Wirt und verbeugte sich erneut. „Ferner möchten wir etwas speisen und einen Krug Wein trinken", fuhr Mozart fort.

„Sehr wohl meine Herrschaften, wir haben heute Schweinebraten mit Knödeln und Sauerkraut und selbst gebrautes Bier. Sie können hier am runden Tisch Platz nehmen. Ich zeige Ihnen die Zimmer. „Das machen wir später, denn wir werden noch heute Abend, bei der Prinzessin im Schloss erwartet. Wir sind eingeladen. Ich bin Wolfgang Amadeus Mozart, können sie uns

den Weg dorthin beschreiben. Haben sie schon von mir gehört, ich bin ein Kompositeur.
„Nein", sagte der Wirt kleinlaut.

Als der Wirt vernommen hatte, dass er so einen hohen Gast bewirten durfte und seine Gäste von der Prinzessin eingeladen waren, überschlug er sich mit Höflichkeitsfloskeln und sagte schließlich:
"Wenn der gnädige Herr und seine Begleitung gespeist haben, wird mein Sohn sie zum Schloss begleiten". „Gut" sagte Mozart, „wir wissen aber nicht, wie lange wir fort sein werden, wir kommen wir auf unsere Zimmer" „Mein Sohn wird am Schloss solange warten, bis sie ihren Besuch beendet haben, sie zum Gasthof begleiten und Ihnen die Tür öffnen.
„Danke".

Mozart hätte seinem Stand entsprechend, als „Ritter vom goldenen Sporn", versehen mit päpstlichen Orden, mit goldenem Kreuz

am roten Band, im neu errichteten Kavalierhaus, dem Ritterhaus, welches einen Teil des Schlossensembles bildete und dem Hofstaat diente, übernachten können.
Dazu wäre er als „Cavaliere" befugt gewesen. Dann hätte er aber nicht bei Aloysia im Gasthof bleiben können. Also schlug er diese Möglichkeit aus.

„*Am anderen Tag kam der Konzertmeister **Rothfischer**"*, (8) schreibt Wolfgang, immer darauf bedacht, dem Vater, nur das zu berichten, was ihn gut gelaunt stimmen würde.
Die wichtigen Details über Kirchheim-Poland suchen wir in den Briefen indes vergebens, obwohl Wolfgang Amadeus Mozart sonst ein guter Schilderer, des jeweiligen Milieus war und dies in vielen Briefen anschaulich beschreibt.
So ist in den Briefen nur bruchstückhaft erwähnt, welche Werke Wolfgang Amadeus Mozart tatsächlich in Kirchheim-Poland

spielte und was die Mademoiselle Weber und ihr Vater während des Aufenthalts in der kleinen Residenz sangen.

Wir sind auf die Aussagen in diesen beiden Briefen angewiesen. Aus diesen Briefen der Mutter Anna Maria Mozart an ihren Mann vom 1. Februar und von Wolfgang an seinen Vater vom 4. Februar 1788 können wir einige Passagen entnehmen, die Rückschlüsse auf das Tun und Wirken in Kirchheim-Poland zulassen:

Zunächst schreibt die Mutter am 1. Februar 1778 Folgendes an Ihren Mann."... der Wolfgang ist noch nicht von Kirchheim zurückgekommen und wird erst kinsstigen Mittwoch hier eintreffen. der herr weber hat seiner frau geschrieben, daß sie die fürstin nicht ender weg lasset, also muss ich auch damit zu friden sein, was aber seine reise nach paris betrifft, kann es dir gewis nicht banger sein als mir, wan nur der Monsoir grim (9) in Paris wehre, so wehre ich ausser sorge, er könnte ihme vielleicht zu sich ins haus nehmen oder auf eine ander art glick machen, denn er ist gewiss ein wahrer freund von uns, auf den man sich verlassen kann. izt habe ich den augenblick einen brief von wolfgang bekommen, er ist zu worms und komt morgen zurück……".

Baron Friedrich Melchior Grimm (7)

Grimm war deutscher Publizist und Sekretär des Herzogs von Orle'ans und guter Freund der Familie. Er sollte Wolfgang, wenn dieser nach Paris käme, unter seine Fittiche nehmen und Wolfgang in die Pariser Gesellschaft einführen.

Ob es wirklich zugetroffen hat, *„dass die fürstin sie nicht ender weg lasset"*, oder ob es sich nur um eine Ausrede handelt, um Wolfgang mit seiner Freundin und Fridolin Weber in Worms für ein paar Tage den Rücken freizuhalten, kann man nicht sagen. Da aber Fridolin Weber dies seiner Frau

Cäcilie geb. Stamm ebenso schrieb und ihr Bruder, Peter Dagobert Stamm, der damals in Worms wohnte und dort Pfarrer war, liegt es wohl auf der Hand, dass man sich in Worms noch ein paar schöne Tage machen wollte und man den Vater Mozart im Glauben ließ, die Fürstin würde ihre Gäste nicht früher abreisen lassen.

Dies unterstreicht auch Mozarts Brief vom 4. Februar an den Vater:"...*Da waren wir lustig. Haben alle tage*
Mittags und Nachts beim h. Dechant gespeist...."

Auch machte sich die Mutter große Sorgen, ob der Baron Grimm, ein Förderer und guter Freund der Familie, zu dem Mozart und sie nun verspätet nach Paris anreisen würden, überhaupt anwesend ist und ihnen Unterkunft gewähren kann. *"So wehre ich ausser sorge, er könne ihme vielleicht zu sich ins Haus nehmen."* Sie führt weiter aus:" *izt habe ich in den augenblick einen brief von wolfgang bekommen, er ist zu worms und komt morgen zurück."*

Diesen Brief, den Anna Maria Mozart erwähnt und den sie gerade erhalten hatte, ist im Anhang zu finden. Es handelt sich um einen Scherzbrief in Versform ohne sonstigen Hinweis auf Kirchheim-Poland. Aus diesem Brief können wir nicht entnehmen, was Aloysia konkret der Prinzessin dargeboten hat und was Wolfgang zu Gehör brachte.
Der Brief vom 4. Februar wird ein wenig konkreter.

„Monsieur

Mon tres cher P'ere!

Das Erste das Ich ihnen schreibe, wie es mir und meinen werthen freunden in Kirchheim-Poland ergangen ist. Es war eine Vacans-reise und weiter nichts. Freitags morgen um 8 uhr wir von hier ab, wir hatten eine galante bedeckte viersitzige kutsche:um 4 uhr kamen wir schon in kirchheim Poland an. wir musten gleich ins schloss einen zetul mit unseren Namen schicken. Den anderen tag kamm schon der H. rothfischer (8) zu uns, welcher mir schon zu Mannheim als ein grundehrlicher mann beschrieben wurde und ich fand ihn auch so. Abends giengen wir nach hof, das war Samstag, da sang die Mad:selle Weber drei arien. Ich übergehe ihr singen-- mit einem Wort vortrefflich!-Ich habe ja im neuerlichen brief von ihren verdiensten geschrieben; doch werde ich diesen brief nicht schließen können, ohne noch mehr von ihr zu schreiben, da ich sie izt erst recht kennen gelernt, und folglich ihre ganze stärcke einsehe. Wir musten hernach bey der officier-tafel speisen. den anderen tag giegen wir ein ziemlich stück weege in die kirche, denn die katholische ist ein bißchen entfernt. Das war Sonntag. Darum haben sie auch nur 300 Musiquen das jahr. Abends hätten wir noch bey hofe speisen können, wir haben aber nicht gewollt, sondern sind lieber unter uns zu hause geblieben, wir hätten unanimiter von herzen gerne das essen bei hofe hergeschenckt, denn wir waren niemal so vergnügt als da wir allein beysam waren, allein wir haben ein wenig aeconomisch gedacht. Wir haben so genug zahlen müssen.   Den anderen tag Montag wir wieder Musique, dienstag wieder, und mittwoch wieder; die Made:selle Weber sang im allen 13 mahl, und spielte zweimal clavier, denn sie spiellt gar nicht schlecht. Was mich am meisten wunder ist, dass sie so gut Noten liest. Stellen sie sich vor, sie hat meine schweren Sonaten, langsam aber ohne eine Note zu fehlen Prima vista gespiellt. Ich will bey meiner Ehre meine sonaten lieber von ihr als vom vogler (9) gespiellt hören. ich hab in allem 12 mahl gespiellt und einmahl auf begehren in der lutherischen kirche auf der Orgel, und habe der fürstin mit 4 sinfonien aufgewartet, und nicht mehr als ofibinlouis d'or NB:ofebir gled (10) bekommen, und meine liebe arme weberin fini (11). Das hätte ich mir wahrhaftig nicht vorgestellt, auf viel habe ich

mir niemals hofnung gemacht, aber auf das wenigste ein jedes Mcut (12) basta: wir haben nichts dabey verloren; ich hab noch 42 fl Profitt, und das unaussprechliche Vergnügen mit grund- Ehrlichen, gut katholischen und Christlichen leuten in bekanntschaft gekommen zu seyn. Mir ist leid genug daß ich sie nicht schon lange kene.........
Ich küsse ihnen 1000-mal die Hände und bin in den Tod dero gehorsamer Sohn.

Anmerkungen:

Johann Paul Rothfischer (8) studierte Violine und war ab 1780 der Kammermusikus beim Fürsten von Nassau-Weilburg. Rothfischer schrieb die „Aria für Bass und Orchester". Abbe Georg Joseph Vogler (9) war Komponist, Organist, Kapellmeister, Priester und Musikpädagoge. Wenn man das gesamte Lebenswerk von Abbe Vogler betrachtet, erscheint es unberechtigt, dass Mozart Vogler unterstellt, er könne die Sonaten nicht richtig spielen.

10. Auflösung der Chiffren: Sieben louis d'or NB. in silber geld.
11. fünf
12. acht

Was bekam eigentlich Fridolin Weber oder war er gar nicht bei den Konzerten dabei. Als Bassist hätte er doch gewiss eine gute Figur abgegeben. Oder saß er bei diffusem Kerzenlicht im Gasthof „Zum Schwarzen Adler" und kopierte Noten.
Schauen wir uns diesen Brief mal etwas genauer an.

In diesem Brief, der die Aktivitäten in Kirchheimbolanden, aber auch die frohe Lebensfreude in den Tagen beschreibt, erwähnt

Mozart seinen 22. Geburtstag nicht. Auch Fridolin Weber und die Prinzessin werden nicht genannt, sondern der Verliebte schwelgt in höchsten Tönen nur von seiner Aloysia. Aloysia, ist sein Ein und alles.
Auch haben wir keinen Hinweis, ob die Verliebten im Schlosspark schlenderten oder entlang der Stadtmauer gingen. Vielleicht unternahmen sie auch einen Spaziergang zur Orangerie. Und vielleicht sagte Wolfgang seiner Aloysia bei dieser Gelegenheit, wie lieb er sie habe.

Kirchheimbolanden bot als Residenzstadt zur damaligen Zeit allerlei Zerstreuung. Über Kirchheim-Poland wird sonst nichts weiter erwähnt, auch nicht, ob sie im Gasthof „Zum Schwarzen Adler" in gemütlicher Runde einen Mosler tranken, den Mozart so liebte. Vielleicht waren sie auch zum neu errichteten Ballhaus gegangen. Ferner hören wir nichts darüber, was Wolfgang mit der Prinzessin, die er ja von der Hollandreise

1766-/67 her kannte, besprochen hatten und ob ihre Kinder auch in Kirchheim-Poland weilten.

Hatte er sich noch einmal für seine Heilung bedankt.

Auch der Vater weist ihn nicht darauf hin, der Prinzessin die besten Grüße und Dank auszurichten. Stattdessen erklärt er seinem Sohn umständlich, dass er mit der Kutsche nicht direkt am Rhein entlangfahren sollte, da es dort zu gefährlich sei und Straßenräuber ihr Unwesen treiben würden.

Diese Strecke hätten sie ohnehin nicht eingeschlagen, da Kirchheim-Poland in einer ganz anderen Richtung lag. Wir können es kaum glauben, dass Montag, Dienstag und Mittwoch immer nur musiziert wurde, wie überliefert ist, obwohl die Prinzessin über ein hervorragendes Orchester verfügte, wird man wohl kaum, den ganzen Tag Musik gemacht haben.

Wahrscheinlich hatte der frisch verliebte Mozart nur Augen und Sinn für seine geliebte Aloysia und vergaß die Umwelt um sich herum.
Soll die Empfindung Liebe sein?

Aloysia Weber war eine hochbegabte Sopranistin, deshalb ist es sehr wahrscheinlich, dass sie Mozarts Sopranarien der „Giunia „aus der Opera seria „Lucio Silla", KV 135, die einst Anna de Amicis als „prima donno assoluta" gesungen hat und sie berühmt gemacht hatte, der Prinzessin vorgetragen hat.
Mozart schrieb das Stück, um den römischen Diktator Lucius Cornelius Sulla Felix, für die Mailänder Karnevalsaison 1773. Oft schrieb seine Arien bei den Gesangproben und konnte sie deshalb, dem Gesangvermögen des Betroffenen gut anpassen.
Und natürlich auch die entsetzlichen Passagen, wie:

„Ah se il crudel periglio", Rezitativ und Arie:" Wenn ich der entsetzlichen Gefahren", von denen er im Brief oben selbst spricht. Aloysia Weber verfügte über ein außergewöhnliches Gesangstalent und hatte die sängerische Qualität, diese Passagen fehlerfrei zu singen.

Wolfgang berichtet in einem Nachtrag vom 7. Februar an den Vater *„das größte Verdienst der Mad: selle weber habe ich im letzten brief vergessen, das ist, daß sie superbe Cantabile (ital.„cantare" = singen), sing. ich habe ihr 3 arien von der de amicis, die Szene von der Duschek (13) und 4 arien von Il re Pastore gegeben.*
Es handelt sich hier um vier Szenen des Amintas, der Sohn des Königs von Sidon, aus der Serenata: „Der König als Hirte, KV 208 „Il re pastore", deren Libretto von Pietro Matestasio stammte. Diese Szenen, werden von Sopranistinnen und Kastraten gesungen. Deshalb gehörten diese Szenen zum

Gesangsrepertoire, einer Sopranistin Ihre weiblichen Reize und ihr vortrefflicher Gesang zogen Mozart in den Bann von Aloysia Weber. Seine überschwänglichen, manchmal nicht rational zu erscheinenden Gedanken und Vorschläge gipfeln darin, dass er mit der Geliebten nach Italien gehen wollte.

Man kann Mozart wohl auch unterstellen, dass seine Gefühle ehrlich waren.

Nun zu **Josepha Duschek** (13) (1754-1824) war eine berühmte böhmische Sängerin sowie Pianistin und Komponistin.

Bei der Szene für die Duschek, handelt es sich um Rezitativ und Arie für Sopran „Ah, lo previdi - „Ah, t' invola.", KV 272, die Mozart erst im August 1777 für Josepha Duschek komponiert hatte. Dieses Stück, was eigens für die Duschek zugeschnitten war, meisterte Aloysia Weber ausgezeichnet.

Mozart und Duschek kannten sich gut und traf sich in Duscheks Villa Bertramka. Auch die Opernarie „Bella mia flamma- Restao, cara (KV 528), soll Mozart aus Dankbarkeit für die „Duschek", komponiert haben.

Aloysia Weber war absolut in der Lage, diese Arien superbe cantabile zu singen. Allerdings geht aus den Briefen vom Februar und später aus Paris nicht eindeutig hervor, ob sie diese Arien auch in Kirchheimbolanden zu Ehren der Prinzessin gesungen hat.
Im Brief vom 30. Juli 1778 aus Paris lobt Mozart die Qualität der Sängerin Weber „: *Sie haben genau in dem Geschmack, mit der Kunst und dem Ausdruck gesungen, in dem ich es mir vorgestellt hatte, daher habe ich allen Grund, Vertrauen auf ihr Gespür und ihre Kunst zu haben, Basta, -Sie haben Genie, großes Genie."*
Wir dürfen noch einen Moment, zugegeben spekulativ, mit der Frage verschwenden, welche Sonaten es wohl gewesen sein könnten.

Wolfgang schrieb am 30. Juli 1778 aus Paris an Aloysia Weber und erwähnt ihn diesem Brief unter anderem die Arie „Ah, lo previdi" - "Ah, t' invola", KV 272.

Diese Arie hatte Mozart Aloysia zum Selbststudium überlassen, damit sie die Szene der Andromeda üben konnte. Da dieses Stück bereits 1777 entstanden ist, liegt es auf der Hand, dass Aloysia es auch in Kirchheimbolanden einstudiert und gesungen haben könnte. Aloysia Weber wäre aufgrund ihrer sängerischen Qualitäten dazu absolut in der Lage gewesen.

Es ist ferner sehr wahrscheinlich, dass auch die Arien:

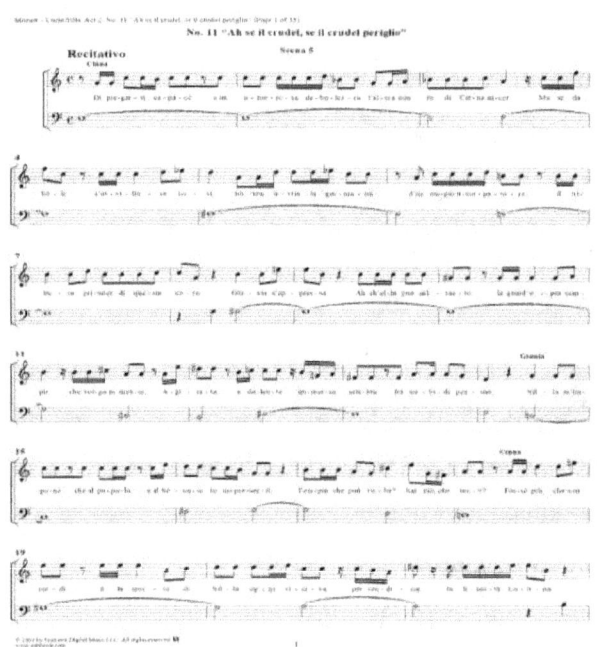

„Alcandro, lo confesso Non so, d' onde viene", Rezitativ und Arie für Sopran, KV 294 und Rezitativ und Arie für Sopran" Popoli di Tessaglia" Io non chiedo, eterni dei, KV 316, durch Aloysia Weber in Kirchheimbolanden vorgetragen wurden.

KV 294 entstand zwar erst im Februar 1778, also nach dem Aufenthalt in

Kirchheimbolanden, man kann aber mit großer Wahrscheinlichkeit davon ausgehen, dass Mozart die Arie, soweit im Kopf hatte, dass er Fridolin Weber die Noten diktieren konnte und er sie später in Mannheim in Reinschrift brachte.

Die Arie war wegen ihrer Besonderheit ursprünglich für den Tenor **Anton Raaff** (14) (1714-1797) vorgesehen.

Mozart hatte auch ein wunderbares Gespür für „Belcanto" im ursprünglichen Sinne, dem Gesangsideal, was die Opernfreunde entzückte. Schlicht gesagt, dem „schönen Gesang". Anton Raaff erfüllte diese sängerischen Voraussetzungen, die fast an Sopran heranreichten.

Mozart schrieb viele Kastratenrollen, die genau auf den Interpreten zugeschnitten waren. Raaff war zwar kein Kastrat, verfügte aber über einen wunderbaren, makellosen Tenor. Da sich die musikalisch reich verzierte Arie doch wohl besser für eine

Sopranstimme eignen würde, entschloss sich Mozart „. *diese aria für die weberin zu machen*. Offiziell wurde die Arie am 12. März 1778 in einer Akademie bei Cannabich (15) von Aloysia Weber gesungen, die viel Beifall erhielt.

Anton Raaff (14), 1714-1797, war ein berühmter deutscher Tenor mit einer fast ähnlichen Kastratenstimme.

Johann Christian Innocenz Bonaventura Cannabich (15) (1731-1798), war ein deutscher Violinist, Kapellmeister und Komponist.

Wichtiger Vertreter der Mannheimer Schule.

Mozart selbst bezeichnete die Arie als die beste, die er für Aloysia Weber geschrieben habe: *sie passe wie ein „Kleid auf den Leib.* Auch KV 316 ist nach Kirchheimbolanden entstanden.

Die Szene entstand 1778 in Paris und ist auf Aloysia Weber zugeschnitten. Auch hier kann

man davon ausgehen, dass Mozart auch diese Arie bereits im Kopf hatte und sie vielleicht in Kirchheimbolanden von Aloysia Weber gesungen wurde. Denn „*diese Arie, ist die Beste, die ich in meinem Leben gemacht habe*", schreibt er aus Paris.
Wenn ich mir ein Urteil erlauben darf, so stimme ich dem Meister in seiner Einschätzung zu.

Mit Sicherheit kann man davon ausgehen, dass die Arie, schon soweit im Kopf von Mozart gediehen war, dass Aloysia Weber sie üben und Mozart an der Partitur Korrekturen vornehmen konnte, um die Noten später zu Papier zu bringen.

Was Aloysia Weber der Prinzessin auch immer vorgetragen haben mag, es wird sie mit Freude und Dankbarkeit erfüllt haben. Wolfgang Amadeus Mozart war ein Genie und hatte seine Kompositionen schon lange im Kopf, bevor sie als Noten für jedermann sichtbar wurden.

In Italien beispielsweise schrieb er das berühmte „Miserere" (erbarme dich) von Gregorio Allegri, eine Vertonung von Psalm 51, nach nur einem Hinhören aus dem Kopf fehlerfrei ab. Das „Miserere" war eines der bestgehütesten Geheimnisse des Vatikans. Es wurde nur in der Karwoche gesungen. Um so erstaunlicher ist es, dass Mozart das Werk, nur mit seinen Ohren fehlerlos aufnahm.

Gregorio Allegri (1582-1652) war ein italienischer Priester, Komponist und Tenorsänger.

Seine musikalischen, wertvollen Werke zu Papier zu bringen, kostete Mozart oft große Mühe, und wenn Vater Leopold nicht rechtzeitig mit dem Werkverzeichnis angefangen hätte, hätte wohl auch Ludwig Ritter von Köchel, der Verfasser des Köchelverzeichnisses (KV), das Verzeichnis später nicht erstellen können. Der Vater leistete hier eine wertvolle Vorarbeit.

Zwar ist in Kirchheimbolanden keine Komposition entstanden, dennoch ist es möglich, dass diese Stücke, die erst später zu Papier gebracht wurden, in Kirchheimbolanden zur Aufführung kamen. Vielleicht hat aber die angenehme Atmosphäre, in Kirchheim-Bolanden Mozart inspiriert, weitere wunderbare Stück zu schreiben.
Wolfgang hatte im Jahre 1778 bereits knapp dreihundert Werke vollendet, die der Vater ins Werkverzeichnis eingetragen hatte, darunter dreißig Sinfonien. Er konnte somit, auf ein großes, selbst geschaffenes musikalisches Repertoire zurückgreifen und hat mit Sicherheit auch die Cembalosonaten, die er in Den Haag zu Ehren der Prinzessin komponiert hatte, gespielt.
Er hat mit Sicherheit ein Potpourri, seiner bekannten Melodien gespielt und die

Prinzessin damit erfreut, zumal andere Mozartforscher davon ausgehen, dass eben nicht nur dreizehn Mal, sondern viel öfter in Kirchheimbolanden gespielt wurde, was sehr wahrscheinlich erscheint.

Welche Sonaten er mit den „Schweren" meinte, die er im Brief vom 4. Februar 1778 erwähnt, und, für wen sie schwer waren, können wir nicht wissen und nur Vermutungen anstellen.

Es könnte sich hierbei, um die sechs Klaviersonaten, in C-Dur, KV 279, F-Dur, KV 280, B-Dur, KV 281, Es-Dur, K V 282, G-Dur, KV 283 und D - Dur, KV 284 gehandelt haben, die 1774 und 1775 entstanden sind.

Mozart, Fridolin und Aloysia Weber blieben sieben Tage in der kleinen Residenz, sangen, musizierten und amüsierten sich. Aloysia Weber, die älteste Webertochter, sang Sopran, Fridolin Weber Bass, die Prinzessin Mezzosopran und Mozart spielte dazu. Die Prinzessin scharte neben Konzertmeister Paul Rothfischer auch andere Musiker der

damaligen Zeit um sich, die die
Konzertdarbietungen musikalisch
begleiteten.

Wolfgang schreibt am 31. Januar, unter
anderen........"*Wir sind ietzt 8 tage weck und
haben geschißen vielen Dreck.*"

Anscheinend hat er in Kirchheimbolanden
die Zügel einmal richtig schleifen lassen.
Vater Leopold wäre nur zu gerne auch nach
Kirchheimbolanden gekommen, doch er
musste zu Hause bleiben, denn sein
Dienstherr gewährte ihm keinen Urlaub.

Wolfgang berichtet in dem Brief vom 4.
Februar 1778 an seinen Vater nur über
Aloisia und lässt die anderen Personen völlig
außer Acht. Auch über die Prinzessin sowie
über Fridolin Weber und seinen
zweiundzwanzigsten Geburtstag verliert er
kein Wort. Und Wolfgang hätte mit
Sicherheit in höchsten Tönen noch mehr

über die Vorzüge und Eigenschaften von Aloysia geschrieben, aber die „Weberischen" spielen in Leopolds Mozart Überlegungen keine Rolle, sodass es Wolfgang vorzog, sich auf die Beschreibung, ihrer guten Stimme zu beschränken.

Auch Fridolin Weber, der eine gut ausgeprägte Bassstimme hatte, begleitete seine Tochter nicht nur in dieser Eigenschaft, sondern wohl eher, um sie zu beaufsichtigen. Er war aber auch der Impresario der Tochter. Dass Wolfgangs Herz für Aloisia entflammt war, war ihm natürlich nicht verborgen geblieben. Zur damaligen Zeit war es aber undenkbar und unschicklich zugleich, dass ein junges Mädchen allein reisen durfte.

Aloisia Weber wurde in Zell im Wiesental im heutigen Kreis Lörrach zwischen 1759 und 1761 geboren. Das genaue Geburtsdatum ist nicht bekannt. Sie war also zwischen 17 und 19 Jahre alt, war also noch nicht volljährig, unverheiratet und hatte sich den strikten Weisungen des Vaters zu fügen.

Warum Constanze, Wolfgangs spätere Frau, die am 5.1. 1772, ebenfalls in Zell im Wiesental, geboren wurde, nicht mitreiste oder nicht mitreisen durfte, liegt auf der Hand. Constanze, Mozarts spätere Frau, war zu diesem Zeitpunkt erst sechs Jahre alt. Mit Aloysia wollte er die Welt erobern und mit ihr nach Italien gehen, obwohl er nach Paris reisen sollte. Wolfgang wurde von der Prinzessin zu einem Souper eingeladen, zog es aber vor, bei den Webers zu bleiben, so verliebt war er." *Wir waren so vergnügt beisammen*, „schreibt er an den Vater.

Erst als Aloisia später, als Sängerin Karriere machte und andere Interessen verfolgte, zeigte sie Wolfgang die kalte Schulter. Gerechterweise, muss allerdings erwähnt werden, dass es keinerlei Beweise dafür gibt, dass Aloysia ihn nicht nur als Lehrer, sondern auch als Mann wollte.

Es gibt keine Beweise, dass sie Mozart liebte. Sie versprach sich wohl eher aus der Beziehung zu ihm, als Sängerin bald eine gute Karriere machen zu können. Es war eine reine Zweckgemeinschaft, und Aloysia profitierte von Mozart.

Ab dann interessierte er sich für Constanze, seinem „Stanzel", wie er sie nannte, aber sie als „zweite Wahl" zu bezeichnen, wäre Geschichtsverfälschung. Aloysia wurde später seine Schwägerin. Nun bekam Leopold, mit Constanze doch eine" Werberische" in die Familie und konnte daran nichts ändern.

Überhaupt war der Vater Leopold strikt gegen eine Verbindung mit den „Werberischen". Aber das ist eine andere Geschichte. Wolfgang schrieb erfreut an seinen Vater: *" Dort bleiben wir, solang die Offizierstafel schmeckt, und bekommen doch gewiss aufs wenigste 6 louis do'r."*(*).

Wie sich bald herausstellte, musste sich Wolfgang mit sieben und Aloisia mit fünf Louis do`r zufriedengeben.

Vielleicht hatte die Prinzessin gedacht, als Lebensretterin genug für Mozart getan zu haben, und alles sei mit den 7 Louis d'or abgegolten. Es wäre unverschämt gewesen, zu glauben, von seiner Lebensretterin mehr als das Leben geschenkt zu bekommen, zumal Wolfgang die Prinzessin ohne Grund brüskiert hatte. Er war nur allein eingeladen, brachte aber eigenmächtig Fridolin und Aloysia Weber mit und brüskierte die Prinzessin ein zweites Mal, als er nicht am Souper teilnahm.

Das war ein Affront!

So war er eben, auf der einen Seite höflich und charmant, auf der anderen Seite grob, verletzend und anmaßend.

Vater Leopold rügte später seinen Sohn, als er von Paris zurückkam, wo die Mutter verstorben war, weil er nicht nach Maynz gefahren sei, um sich um eine Anstellung zu

bemühen." *Eine Reise nach Maynz würde dir mehr genützt haben als deine fatale Reise nach Kirchheim-Poland.*
Maynz ist doch ein Hof, wo einige Aussicht wäre."
Leopold Mozart hatte sich immer noch nicht beruhigt und es als großen Fehler angesehen, dass sein Sohn Wolfgang in Kirchheim-Poland die Zeit vertrödelt hatte, anstatt sich in Mainz ernsthaft um eine Anstellung zu bemühen. Die Oberflächlichkeit seines Sohnes erzürnte ihn. Sein Vater konn-te sich nicht in die Lage und auch nicht in den Gemütszustand seines Sohnes hineinversetzen. Vielleicht wollte er es auch nicht. Er ahnte wohl nicht, welche unbändige Liebe in der Brust seines Sohnes wallte.

Eigentlich war er doch ein Gefangener in der Musik. Alles drehte sich in seinem Leben nur um die Musik, und die Liebesbeziehung zu einer Frau hätte seine ehrgeizigen Pläne, die er mit seinem begabten Sohn noch realisieren wollte, natürlich zunichtegemacht und die Einkommensquelle der Familie zum Versiegen gebracht. Er hätte es wohl gerne gesehen, wenn Wolfgang eine gute Partie gemacht und vielleicht eine Adlige geheiratet hätte. So war die Lebensphilosophie.

Leopold Mozart war ein strenger Katholik und fest im katholischen Glauben verwurzelt. Er war wie man heute sagen würde der Manager seines Sohnes, Vater, Erzieher, Kritiker und Lehrer in einer Person. Es ging ihm immer darum, dass sich sein Sohn Ruhm und Ehre erarbeiten würde. Und natürlich war er auch auf seinen Sohn stolz und erhoffte sich eine lukrative Anstellung bei Hof für ihn.
Darauf zielte sein Streben ab.

Die Empfindung war Liebe! "Soll die Empfindung Liebe sein?" Diese Frage hat er sich sehr oft gestellt.

Dieses Thema, was die Menschen aller Zeiten bewegte, hat Mozart auch beschäftigt. Er hat dieses Thema später in seiner Zauberflöte verarbeitet und gibt selbst die Antwort:

„Ja, ja es ist die Liebe allein."

Eigentlich hatte Leopold Mozart mit den Gefühlen seines Sohnes nie etwas im Sinn, das geht aus vielen Briefen hervor.
Autor Wolfgang Hildesheimer geht noch einen Schritt weiter und schreibt: "Dass er nicht wusste, wer dieser Sohn war, können wir ihm nicht verübeln, die anderen außer Haydn, wussten es auch nicht."
Dem Vater war in erster Linie daran gelegen, das Genie Wolfgang Amadeus Mozart möglichst gewinnbringend zu vermarkten. Dies schließt natürlich nicht aus, dass er seinen Sohn liebte und in Holland sehr um ihn bangte, als er an Blattern erkrankt war. Er tat alles für ihn, was seinem Ruhm und seiner Ehre förderlich war und diese mehren konnte.

Einem Genie öffnen sich viele Türen.

Bereits in einem Brief vom 4. Dezember warnt der Vater, dass sein christlich-katholisches Seelenheil, in Weilburg gefährdet sein könnte," *in Weilburg habt ihr zu bedenken, dass ihr keine katholische Kirche finden werdet, da alles lutherisch oder calvinistisch ist.*
Ich will also, dass ihr euch da nicht zu lange aufhaltet."

Leopold spricht hier von Weilburg, meint aber gewiss nicht die Stadt an der Lahn, sondern Kirchheimbolanden. Woher Leopold diese Erkenntnis hatte, lässt er uns leider nicht wissen. Wolfgang geht in seinem Brief vom 4. Februar darauf ein und möchte die grundsätzlichen Bedenken des Vaters mit dem Hinweis zerstreuen, „dass *er das unaussprechliche vergnügen hatte mit Grund ehrlichen, gut katholischen und Christlichen leüten In bekanntschft gekommen zu seyn"*.

Vielleicht wollte er damit zum Ausdruck bringen, dass das Fehlen einer katholischen Kirche gar nicht entscheidend ist und sein Seelenheil keinen Schaden genommen hat, weil er sich in Kirchheim-Poland nur mit grundehrlichen, guten und christlichen Leuten abgegeben hat? Auf jeden Fall wird deutlich, dass Wolfgang den Vater nicht unnötig beunruhigen wollte.

Umgekehrt ist festzustellen, dass Wolfgang, trotz des tiefen Streits mit dem Vater, der insbesondere später eskalierte, als es um die Heirat der Webertöchter ging, seinen Vater sehr geliebt hat. Dies drückt auch der Brief unten eindrucksvoll aus. Man darf einen kurzen Augenblick bei der Frage verweilen, was wohl geschehen wäre, wenn Mozart in Mainz tatsächlich eine Anstellung gefunden hätte.
Wäre ihm hier, zu Lebzeiten, die Anerkennung zuteilgeworden, die er

insbesondere in den späteren Jahren in Wien so schmerzlich vermisste.

Hätten ihn hier auch alle Freunde in Wien, wie in den letzten Monaten seines Lebens, verlassen? Und wäre er dann auch, so tief in die Schuldenfalle geraten, wie es in Wien der Fall war. Wäre sein Leben anders verlaufen, wie es in Wien tatsächlich verlaufen ist.

Hätte er auch in Mainz Freunde um Geld bitten müssen, weil ihm die Schulden über den Kopf wuchsen.

Wäre er auch hier einsam und verlassen gestorben und in einem Reihengrab beerdigt worden oder wäre sein Leben anders verlaufen. Die Geschichte, das wissen wir heute, hat eine andere, niederschmetternde und traurige Dramaturgie geschrieben. Kann man es einem jungen, verliebten Mann verdenken, dass er sonst alles andere um sich herum vergisst oder für nicht notwendig erachtet, erwähnt zu werden.

Das Orgelspiel, insbesondere den traditionellen polyfonen (**) Fugenstil, beherrschte er ebenfalls souverän. Das tat er auch in Kirchheim - Poland. Zwar bevorzugte er Klavier und Violine, dennoch ist festzuhalten, dass er gegenüber dem Orgel- und Klavierbauer Stein, sagte: „Die *orgl ist in meinen Augen und Ohren die Königin aller Instrumente.*"

Die Stummorgel in der Paulskirche zu Kirchheimbolanden trägt zu Ehren des großen Komponisten seinen Namen. Diese wunder-schöne Barockorgel von hoher Handwerkskunst, wurde von **Johann Michael Stumm** aus Sulzbach in Rheinland-Pfalz gebaut. Die Orgel verfügt über 45 Register, 3 Manuale und 2330 Pfeifen.
Mozart liebte Orgeln insbesondere die Stummorgeln aus Sulzbach. Immer, wenn er Gelegenheit dazu hatte, setze er sich an die Orgeln.

Die Paulskirche wurde 1739- 1744, als lutherische Hofkirche nach dem Vorbild der Weilburger Schlosskirche erbaut.

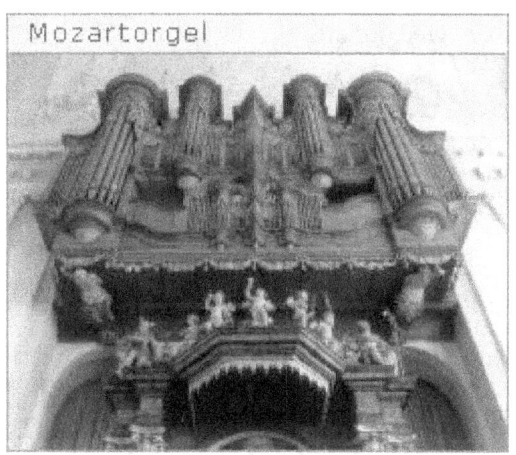
Mozartorgel

Dort spielte dort auf Verlangen der Prinzessin auf der Stummorgel. Wolfgang schätzte die neuen Stummorgeln der Kirchen, wie er seinem Vater berichtet. Für Abb'e Vogler (10), dem Leiter der Mannheimer Kirchenmusik, hat er indes nur Spott übrig:

„…….*möchte meine Sonaten lieber von mir als vom*

Vogler spiellen hören."

Wolfgang ist dem Begehren der Prinzessin nachgekommen und spielte in der lutherischen Paulskirche auf der Stummorgel. Dies muss am Sonntag, den 25. Januar 1778, geschehen sein, weil nur an Sonntagen die Fürstenloge geheizt wurde und wohl nicht anzunehmen ist, dass das Fürstenpaar in einer kalten Kirche, dem Gottesdienst beiwohnte.

Wolfgang hasste kalte Räume und hat darüber oft Beschwerde geführt, wenn die Finger klamm und blau vor Kälte waren und nicht mehr gehorchen wollten.

Soweit bekannt, hat Mozart während des Aufenthalts in der kleinen Residenz kein musikalisches Werk geschrieben oder später den Besuch in Kirchheimbolanden musikalisch verarbeitet. Auch sonst scheint kein schriftliches Dokument direkt aus Kirchheimbolanden überliefert zu sein.

Sie blieben bis Donnerstag, den 28. Januar 1778, in Kirchheim-Poland und fuhr dann weiter nach Worms.

Die Prinzessin machte sich wieder auf den Weg nach Holland.

Lediglich die hier aufgeführten und zitierten Briefe haben einen Bezug zu Kirchheimbolanden. Man kann davon ausgehen, dass Wolfgang sich ein paar schöne, erholsame und kostenfreie Tage mit Aloysia am Hof der Prinzessin gemacht hatte. Wobei anzumerken wäre, dass wohl die Familie Weber keine weiteren Unkosten zu tragen hatte, weil Mozart sie eingeladen hatte und er für die Kosten aufkommen musste.

Wolfgang wollte kurz dem Stress entfliehen, wie es heute heißt, denn bald würde er nach Paris gehen müssen, und lange, beschwerliche Fahrten würden wieder auf ihn warten.

Einmal auf andere Gedanken kommen. Vielleicht die Zeit für einen kleinen, neuschöpferischen Augenblick vergessen. Nicht immer nur Knecht der Musik sein, sondern auch einmal an den schönen Dingen des Lebens teilhaben und sich den Reizen der Schönheit des Lebens hingeben. Einmal die Seele baumeln lassen und einmal der Aufsicht des Vaters entflohen zu sein. Und einmal all das tun können, was es neben der Musik auch noch gibt.

Wolfgang musste in seinem kurzen, aber genialen Leben, meistens gezwungenermaßen, durch viele Krankheiten bedingt, immer wieder Regenerationspausen einlegen, um wieder körperlich zu Kräften zu kommen, denn einem Musikgenie wird viel abverlangt. Mitpermanenten Schmerzen, fällt das Komponieren schwer.

Da er nie eine Schule besuchte, brachte ihm der Vater auf den langen Fahrten Lesen, Schreiben und Fremdsprachen bei. Es ist erstaunlich, dass Wolfgang Amadeus Mozart neben dem Komponieren auch noch Fremdsprachen sowie die perfekte Beherrschung verschiedener Instrumente erlernte. Dies alles schaffte er mit Bravour. Auch hier zeigt sich das Genie.
Seine geistigen Kräfte schienen hingegen niemals zu erlahmen.
Trotz der vielen schweren Krankheiten hat er beseelt, von einem unbändigen, schöpferischen Willen, oft bis zum Rand der Erschöpfung und Ohnmacht, viele bis heute einmalige, von sonderbarer Schönheit, Tiefe und Eleganz, von Hoffnung und Utopie geprägte
Musik- und Konzertwerke geschaffen, die die Menschen in aller Welt bis zum heutigen Tage begeistern und erfreuen. Manche behaupten sogar, die Engel im Himmel würden Mozartarien singen und der „liebe Gott" würde auf der Harfe dazu spielen. Das

ist nicht bewiesen, wenn da oben aber musiziert wird, dann nur Mozart, davon bin ich überzeugt. Die langen, beschwerlichen und zum Teil gefährlichen Fahrten, auf den harten Kutschbänken, bei Wind und Wetter über Stock und Stein, haben an seiner Gesundheit gezehrt und ihm schier Unmenschliches abverlangt.

Am 29. Januar 1778 wurde die Rückreise, von Kirchheimbolanden über Worms nach Mannheim angetreten, wo am 13. Februar eine Akademie bei Konzertmeister **Johann Christian Cannabich** (15) stattfand, der in Mannheim ein großartiges Orchester leitete.

Mozart blieb aber, bevor er nach Mannheim zurückkehrte, noch ein paar Tage in Worms. Über den Aufenthalt in der Freien Reichsstadt Worms gibt es im umfangreichen Schriftverkehr der Familie Mozart seltsamerweise nur sehr wenig Schriftliches. Nur die Mutter erwähnt, in Ihren Brief vom

1. Februar, dass der Wolfgang erst morgen aus Worms zurückkäme.

Was er in diesen Tagen in der ebenfalls lutherisch geprägten Freien Reichsstadt Worms alles unternahm und wie er mit Aloysia Weber die Tage gestaltete, ist nur spärlich dokumentiert.

Fridolin Webers Schwager, der Dechant Peter Dagobert Stamm, Bruder von Cäcilie Weber geb. Stamm, der Frau von Fridolin wohnte in Worms.
Er war Dechant des Andreasstifts." *Da waren wir lustig, haben alle tage Mittags und Nachts beim H: Dechant gespeist das kann ich sagen, diese kleine Reise war ein Exercitium für mich auf dem Clavier, der H. Dechant ist ein rechter braver vernünftiger Mann. Nun ist es Zeit, dass ich schliesse, wenn ich alles schreiben wollte, was ich denke, so würde mir das klecken."*

Man kann es im Grunde nicht recht glauben, dass Wolfgang insbesondere mit seiner

Jugendliebe Aloysia in Worms die Zeit nur mit Essen und Trinken verbrachte. Es ist wohl eher anzunehmen, dass Mozart hier einiges verschwiegen hat, da er ja wusste, dass der Vater von seiner Liebesbeziehung zu Aloysia Weber nicht angetan war und dieser ihn brieflich ermahnt hatte, sich nicht länger als unbedingt nötig bei lutherischen Leuten aufzuhalten.

Es ist auch sehr wahrscheinlich, dass Mozart Aloysia die Reichsstadt zeigte, da er ja schon einmal in Worms war. Mozart weilte im Sommer 1763 in der Freien Reichsstadt.

Damals übernachteten sie im Gasthof Schwan und trafen mit dem Domherrn Carl Friedrich Damian von Dalberg zusammen. Mozart kannte Worms recht gut. Natürlich wird man auch musiziert und gesungen haben. Sehr wahrscheinlich auch mit dem Wormser Stadtorganisten **Johann Theodor Greiner.** Und es ist in diesem Zusammenhang gewiss keine Spekulation, dass Mozart auch die berühmte Orgel in der Dreifaltigkeitskirche gespielt hat, zumal Greiner auch als Orgelgutachter tätig war.

Immer wenn sich die Gelegenheit bot, spielte Wolfgang Amadeus auf den Orgeln, denn für ihn waren sie die Königinnen aller Instrumente. Obwohl er die Kirchen eigentlich nur als Institution betrachtete, ließ er keine Gelegenheit aus, in den Kirchen Orgel zu spielen.

Warum er auch das nicht ausdrücklich erwähnte, liegt wohl daran, dass die Dreifaltigkeitskirche eine lutherische Kirche war und Mozart, dem Vater lieber verschweigen wollte, dass er hier gespielt hatte.

Am 31. Januar 1778 schreibt Wolfgang der Mutter einen lustigen in Versform abgefassten Brief, der die ganze Unbeschwertheit des Aufenthalts in Worms widerspiegelt.

Madame Mutter!

Ich esse gerne Butter.

Wir sind Gottlob und Dank

Gesund und gar nicht krank.

Wir fahren durch die Welt,

Haben aber nit viel
Geld; Doch sind wir
aufgeräumt
Und keins von uns
verschleimt. Ich bin bei
Leuten auch die tragen
den Dreck im Bauch,
doch lassen sie ihn auch
hinaus So wohl vor, als
nach dem Schmaus.
Gefurzt wird allzeit auf die Nacht

Und immer so, daß es brav kracht.

Doch gestern war der fürze

König, deßen Fürze riechen

wie Hönig,

Nicht gar zu wohl in der

Stimme,

Er war auch selbsten voller Grimme.

Wir sind ietzt über 8 Täge weck

Und haben schon geschißen vielen Dreck.

Herr Wendling wird wohl böse seyn,

Daß ich kaum nichts geschrieben fein,

Doch wenn ich komm' über d' Rheinbrücke

So kom ich ganz gewiß

Zurücke

Und schreib die 4

Quartetti ganz Damit er

mich nicht heißt ein

Schwantz.

Und das Concert spar ich mir nach Paris,

Dort schmier ichs her gleich auf den ersten

Schiß.

Die Wahrheit zu gestehen, so möcht ich mit den Leuten Viel lieber in die Welt hinaus und in die große Weiten, Als mit der Tac=gesellschaft, die ich vor meiner seh, So oft ich drauf gedenke, so thut mir der Bauch weh; Doch muß es noch geschehen, wir müssen noch zusamm – Der Arsch vom Weber ist mehr werth als der Kopf vom Ramm

Und auch von diesem Arsch ein Pfifferling Ist mir lieber als der Mons:
Wendling.

Wir beleidigen doch nicht Gott mit unserem Scheißen Auch noch weniger, wenn wir in dreck nein beißen.

Wir sind ehrliche Leute die zusammen taugen, Wir haben summa summarum 8 Augen Ohne dem wo wir drauf sitzen.

Nun will ich mich nit mehr erhitzen

Mit meiner Poesie; nur will ich Ihnen sagen

Daß ich Montag die Ehre hab, ohne viel zu fragen, Sie zu embrassiren und dero Händ zu küssen, Doch werd' ich schon vorhero haben in die Hosen geschißen.

à dieu Mamma

Worms den 1778ten Jenner   Dero getreues Kind

         Anno 31.   ich hab' den Grind   Trazom.

Leider müssen wir an dieser Stelle erwähnen, dass Mozart oft in einer sehr vulgären Fäkalsprache sprach und schrieb. Dies geht aus vielen Briefen hervor.

Am 3. Februar kehrt er nach Mannheim zurück und schreibt am nächsten Tag einen Brief an den Vater.

Er schildert die Erlebnisse und Aktivitäten in Kirchheim-Poland und führt unter anderem aus, dass sie bei der Ankunft *„einen Zetul mit unsre näme ins schloss schicken mussten. Und dass Sie am anderen Tag der Konzertmeister Paul Rothfischer aufsuchte."* Abends gingen Sie dann zu Hof. Am Samstag sang Aloysia Weber drei Arien vortrefflich! Danach mussten Sie an der Offizierstafel speisen. Am anderen Tag, es war Sonntag gingen Sie ein ziemlich Stück Weg, bis zur Kirche. Danach waren Sie wieder bei der Tafel.

Abends war keine Musik, weil Sonntag war. Der Sonntag war also heilig und alle Bediensteten einschließlich der Kapelle, feierten den Sonntag.
Abends hätten Sie wieder bei Hofe speisen können. Sie wollten aber nicht, schreibt Wolfgang, sondern wir sind lieber zuhause geblieben. Und hatten sich miteinander von Herzen gerne. Auf das Essen haben Sie gerne verzichtet, denn Sie waren sehr vergnügt beisammen. Und ferner hätte er auch

ökonomisch gedacht, denn Sie hätten ja für das Essen bezahlen müssen und er hätte nun dieses Geld eingespart.

Wolfgang wusste natürlich, dass das dem Vater gefallen würde, wenn er ihm schrieb, dass er mit dem Geld sparsam umgehen würde, denn er hatte ja auch die Kosten seine Gäste mitzutragen. „Am Montag und am

Dienstag sowie am Mittwoch war wieder Musik", fuhr er im Brief fort. *Aloysia Weber sang alles in allem 13mal und spielte zweimal Klavier. Sie spielt sehr gut und kann gut Noten lesen. Und vor allen Dingen hat Sie meine schweren Sonaten langsam aber ohne eine Note auszulassen, sehr gut gespielt,* berichtet er den Vater voll Stolz.

Und dann zieht er aber auch gleich wieder über Abbe Georg Joseph Vogler her, an den er des Öfteren kein gutes Haar ließ, wenn er schreibt:*" Ich will bey meiner Ehre meine sonaten lieber von ihr als vom vogler spiellen hören."* So war er eben, Empathie und Respekt war angesagt.

Abbe' Vogler war deutscher Komponist, Organist, Kapellmeister, Priester und Musikpädagoge. Wir können hier nicht beurteilen, ob ein so erfahrener Mann wirklich so schlecht gespielt hatte und Mozart ein Recht hatte, ihn von oben herab zu behandeln. Selbst hat er 12-mal gespielt und einmal auf Verlangen der Prinzessin in der lutherischen Kirche auf der Orgel, und zwar auf der berühmten Stummorgel, die heute "Mozartorgel" heißt. Und er habe der Fürstin mit vier Sinfonien aufgewartet. Leider hatte er dafür weniger bekommen, als er sich ausgemalt hatte *„Und nicht mehr als ofibin louis d'or NB: ofebir Mcut:* das heißt sieben louis d'or NB: in silber geld.

Mozart bekam also für seine Auftritte in Kirchheim-Poland, *sieben Silber Louis d'or*

„und die arme liebe weberin fine, das heißt fünf. Mozart hatte wohl mit mehr gerechnet *"das hätte ich mir wahrlich nicht vorgestellt, auf viel habe ich mir niemahl hofnung gemacht, aber auf das wenigste ein jedes Mcut: das heißt* acht". Mozart hatte mit acht Louis d'or für sich und für Aloysia gerechnet. Aber konnte er von seiner Lebensretterin wirklich mehr erwarten. Hatte die Prinzessin ihn damals nicht schon reich beschenkt? Hatte sie ihm nicht, als er damals in Holland weilte und Professor Schwenke nicht nur ihn, sondern auch seine Schwester vor dem Tod rettete, genug für ihn getan.
Durfte er wirklich undankbar sein. War nicht das Leben mehr wert als alle Louis d'ors. Dennoch hatte er doch noch *„Profitt",* gemacht schreibt er dem Vater stolz.

Dass er nur sieben Louis d'or bekommen hatte, schmerzte ihn nur kurz, denn er hatte neben den *„Profitt", das unaussprechliche Vergnügen gehabt, mit grundehrlichen gut* *katholischen und christlichen Leuten Bekanntschaft gemacht zu haben. Und er bedauert, dass er Sie nicht schon früher kennengelernt habe."*

Das sollte den Vater beruhigen. Wenn er schon in der lutherischen Kirche spielte, so umgab er sich doch wenigstens mit gut katholischen Leuten.

Leider erfahren wir nicht, was Mozart sonst den ganzen Tag außer „*Musique*" so machte. Er wird ja wohl nicht den ganzen Tag nur Musik „gespiellt" haben.

Dann hätte er doch eine Sonate.

„Kirchheim-Poland" schreiben können. Vielleicht eine spezielle Sonate, auf den Edelmut der Prinzessin von Oranien, das hätte Mozart mit seiner Genialität, sicherlich keine Schwierigkeiten bereitet.

Wir erfahren auch nichts über Kirchheimbolanden im 18. Jahrhundert, auch nicht, wo sie sich einquartiert hatten. Aus Kirchheim-Bolanden selbst, ist kein Brief abgesandt worden. Auch der 22. Geburtstag am 27. Januar 1778 findet keine Erwähnung. Und die Prinzessin, der er so viel zu verdanken hat, wird nicht erwähnt, von Fridolin Weber ganz zu schweigen. Vielleicht hat es damit zu tun, dass Mozart unsterblich in Aloysia Weber verliebt war und nur das bewusst wahrgenommen hat, was Aloysia betraf.

Dennoch können wir froh sein, dass in der Familie Mozart so ein reger Briefverkehr geführt wurde, sonst hätten wir noch weniger erfahren. Alle Briefe, der Familie Mozart können bei „Mozart Briefe und Dokumente- Online Edition. http:/dme.mozarteum.at/DME/briefe/doclist.php kostenlos eingesehen werden.

Weiter unten im Brief kommt er noch auf Worms zu sprechen:*" Hernach waren wir 5 Tage in Worms geblieben. Dort hat der Weber einen Schwager, nämlich der Dechant von Stift. Da waren wir lustig. Haben alle Tage mittags und nachts beim Herrn Dechant gespeist. Das kann ich sagen, diese kleine Reise war ein rechts Exerzitium für mich auf dem Klavier. Damit meint er wohl die Reise nach Kirchheim-Poland, war für Ihn eine gute Übung auf dem Klavier. Der Herr Dechant ist ein ist ein rechter braver vernünftiger Mann,* lässt er den Vater wissen......"

Wolfgang Amadeus Mozart betont gegenüber dem Vater zum wiederholten Mal, dass er sich nur mit rechtschaffenen, christlichen Leuten abgegeben hat und dass die fünf Tage in Worms, mit Aloysia Weber, seinem Seelenheil nicht geschadet haben. Die Mutter fügt allerdings dem Brief eine Nachschrift bei, die für den Sohn Wolfgang nicht sehr schmeichelhaft ist: „*Aus diesem Brief wirst du ersehen haben, dass, wenn der Wolfgang eine neue Bekanntschaft macht, er gleich Gut und Blut für solche Leute geben wollte. Es ist wahr, sie singt unvergleichlich, allein da muß sein eigenes Interesse auf die Seite setzten.*

Sobald er mit den Weberischen bekannt worden, so hat e r gleich den Sinn geändert, mit einem Wort; bei andern Leuten ist er lieber als bey mir, ich mach ihm in einen und andern, was mir nicht gefällt, Einwendungen. Und das ist ihm nicht recht. *Du wirst es also bey Die selbst überlegen, was zu tun ist-- Unterdessen verlieren wir hier nichts, ich schreibe es in der größten Geheim, weil er beim Essen ist, und ich will, damit ich nicht überfallen werde. Addio, ich verbleibe Dein getreues Weib.*

Marianna Mozartin

Was die Mutter hier über ihren Sohn schreibt, ist nicht gerade charmant und dürfte den Vater kaum erfreut haben. Die Antwort von Leopold Mozart lässt nicht lange auf sich warten und fällt entsprechend aus. Die Familie Weber wurde hier, wie so oft, abfällig als die „Weberischen "bezeichnet. Dies zeigt die anfängliche, starke Abneigung von Mozarts Eltern gegenüber der Familie Weber.

Liebe macht blind.

Das musste auch Wolfgang Amadeus Mozart erfahren.

Die Liebe zu Aloysia Weber hatte ihn kopflos gemacht. Im Brief vom 4. Februar macht er gegenüber dem Vater ziemlich groteske Vorschläge, denn er hat sich in den Kopf gesetzt, mit Aloysia nach Italien zu gehen, obwohl von Anfang an geplant war, dass er, zusammen mit der Mutter, nach Paris, zum Baron Friedrich Melchior Grimm, einem deutschen Publizisten und Sekretär des Herzogs von Orle'ans und guten Freund der Familie Mozart, gehen sollte.

Baron Friedrich Melchior von Grimm sollte Mozart in Paris unter seine Fittiche nehmen und ihm die Türen zur feinen Pariser Gesellschaft öffnen. So war es zwischen dem Vater und Baron von Grimm besprochen.

Als Mozart auf der Suche nach einer Anstellung war, blieben diese Erwartungen aber unerfüllt.

Wegen der Schnapsidee, mit Aloysia Weber nach Italien zu gehen, wo Wolfgang meinte, Aloysia könne zwar als begabte, aber unbekannte Sängerin dennoch in Italien Karriere machen und als prima Donna die Opernsäle im Sturm erobern, war der Vater in seinen Antwortbrief derart in Rage, dass ihm fast die Worte fehlten, um seinen Sohn zur Vernunft zu bringen.

„Seinen Brief habe er mit Verwunderung und Schrecken durchgelesen", und er fragte ihn": ob er von einem Weibsbild etwa eingeschläfert, in einer Stube mit notleidenden Kindern, auf einen Strohsack oder nach einem christlich hingebrachten Leben mit Vergnügen, Ehre und Nachruhm mit Allem für Deine Familie wohl versehen bey aller welt in Ansehen sterben willst"

Immer wieder hatte Mozart die Reise nach Paris verschoben und Gründe angeführt, die der Vater nicht akzeptieren konnte. Einmal war es der Winter. Die Freunde hätten gesagt, er solle lieber über den Winter noch in Mannheim bleiben. Dann war es ein Auftragswerk für einen reichen holländischen Kunden, was er noch fertigstellen musste.

Auch beschwor er Hofintendant **Aurelio Graf von Savioli,** er solle ihm Arbeit geben, er arbeite gern. Immer neue Gründe suchte er, nur um in Mannheim bleiben zu können. Und er musste seinen „*Scolaren*" (16) noch eine „*Lection*" erteilen, weil sie schon bezahlt hatten.

Ferner musste er mit „Cannabich" noch ein Konzert geben. Immer neue Ausreden ließ er sich einfallen. Der eigentliche Grund war aber Aloysia Weber, die Mozart in Mannheim kennengelernt hatte. Es fiel ihm schwer, sich von der neuen, frischen Liebe längere Zeit zu trennen.

Der Vater war außer sich, als er den Brief vom 4. Februar las, und antwortete dementsprechend harsch: *„indem ich die ganze Nacht nicht hab schlafen können und so matt bin, daß ich ganz langsam Wort für Wort schreiben und ihn nach und nach bis morgen zu Ende bringen muss. Ich war Gottlob izt immer wohlauf, allein dieser Brief, an dem ich meinen Sohn an nichts mehr kenne, als an dem Fehler, daß er allen Leuten auf das erste Wort glaubt, seyn zu gutes Herz durch Schmeycheleyen und gute schöne Worte jedermann bloßstellt, sich von jedem auf alle ihm gemachte Vorstellungen nach Belieben hin 39 und her lenken läßt und durch und grundlose, nicht genug überlegte, in der Einbildung tunliche Aussichten sich dahin bringen läßt dem Nutzen fremder Leute seinen eigenen Ruhm und Nutzen und* *sogar den Nutzen und die seiner alten ehrlichen Eltern .*

Schuldige Hilfe aufzuopfern. - dieser Brief hat mich so niedergeschlagen, als ich mir vernünftige Hoffnung machte, daß Dich einige Dir schon begegnete Umstände und meine hier mündlich und Dir schriftlich gemachte Erinnerungen, hätten überzeugen sollen, daß man, um sein Glück sowohl, als sein auch nur gemeines Fortkommen in der Welt zu suchen und unter der so verschiedenen art guter, böser, glücklicher und unglücklicher Menschen endlich das gesuchte Ziel zu erreichen, sein gutes Herz mit größter Zurückhaltung verwahren, nichts ohne die größte Überlegung unternehmen und sich von enthusiastischer Einbildung und ohngefähr blinden
Einfällen niemals hinreißen lassen müsste……."

Und er befahl seinem Sohn: *" Fort mit dir nach Paris! Mache dir Ruhm und Geld in Paris, dann kannst Du, wenn du Geld hast, nach*

Italien gehen und allda Opern schreiben."
Das bedeutete die Trennung von Aloysia.
Mozart musste sich dem Vater beugen und von seiner geliebten Aloysia Weber Abschied nehmen.
Wenige Zeit später machte sich Wolfgang Amadeus mit seiner Mutter nach Paris auf.

Fußnoten:

16. Scolaren: Schüler

Anhang:

Briefe der Familie Mozart in chronologischer Reihenfolge, soweit sie einen Bezug zu Kirchheim-Poland haben.
Es ist sehr reizvoll, die Briefe der Familie Mozart hier originalgetreu zu lesen. Sie sind wertvolle Zeitdokumente. Vieles, was damals geschrieben, erscheint uns heute unverständlich, zumal es zwischen dem Vater und dem Sohn eine Art

Geheimsprache und Wortspielereien gab, die es zu entschlüsseln galt.

1. Brief vom 26. November 1777 aus Mannheim an den Vater in Salzburg (auszugsweise).

„Und überdies hat mir noch jedermann, der Mannheim kennt, auch Cavaliere (17) gerathen hierher zu reisen. Die ursache warum wir noch hier sind, ist, weil ich im sinn habe den winter hier zu bleiben, ich warte Nur auf die antwort des khurfürsten. Der intendant graf savioli (18) ist ein recht brafer Cavalier , und dem habe ich gesagt, er möchte die cuhrrifrotin omgin, dmo wlfe sunidia fzt ifnl ocueicutti wfttrhng zha rifoin fot, os wieetl fcu ufir belfble hnd din fhngin grmiln fnotrhfm (19), er versprach mir auch sein möglichtes zu thun, nur sollte ich geduld haben, die galla täg vorbey wären. Dieses geschahe alles mit wissen und auf anstiftung des Cannabich. Da ich ihm erzählte daß ich

beim, und was savioli war, und was ich ihm sagte, so sagte er mir, daß er gewisser glauben würde es geschehen als nicht.
Nun hat Cannabich noch ehe der graf aft din Cuhrihrotin girdit umt
(20) über dies gesprochen. Nun muß ich es abraten. Ich werde Morgen meine 150 fl. beym h. Schmalz abholen, den der wirt wird ohne zweifel lieber geld als Musick klingeln hören, ich hatte freylich nicht geglaubt, daß hier eine uhr zu verehren zu bekommen, aber iezt ist es nun einmahl so. ich wäre schon längst weck aber alles sagt mir wo wollen sie denn im winter hin?—bey dieser jahreszeit ist es ja übel zu reisen, bleiben sie hier. Der Cannabich wünscht es auch sehr mit hin hab ich es halt Probiert, und weil man so eine sache nicht übereilen kann, so mus ich es halt mit gedult erwarten und ich hoffe ihnen bald gute nachricht gegen zu können, zwei scolare (21) habe ich im voraus schon ohne den Erzscolaren, die mir gewisser als nicht Ein

jeder 1 louis das Monath geben, ohne den Erz. läst es sich freylich nicht thun.

Nun lassen wir das, wie es ist und wie es seyn wird was nuzen doch die überflüssigen speculationen, was geschehen wird, wissen wir doch nicht doch---wir wissen es —was gott will.

Nun lustig Allegro, non siate so pegro, wenn wir allerdings hier wegreisen so gehen wir schnurgerade- wohin- nach weilburg odet wie es heist zu der Prinzessin, die schwester des Prinz von oranien, die wir a' Haie so gut gekannt haben. Dort bleiben wir, Nota bene, so lang uns die officiers tafl schmeckt und bekommen doch gewis aufs wenigste 6 Louisd'or ....

Fußnoten:

„Der wirt wird ohne zweifel lieber geld als Musick klingen hören" d. h. oft wurde mit Naturalien, sprich mit Musik und Gesang die Zeche bezahlt.

„ich hatte freylich nicht daß hier eine uhr zu verehren zu bekommen." Der Churfürst hatte ihm eine goldene Uhr geschenkt.

17. *Cavaliere. Mozart war Ritter vom goldenen Sporn, dem zweithöchsten Orden der römisch – katholischen Kirche. Mozart, wurde dieser Orden im Jahr 1770 durch Papst Clemens XIV verliehen. Die Ordensträger waren berechtigt, den Titel "Cavaliere vom Sporn" zu führen. Cavaliere durften, hoch zu Ross in eine Kirche einreiten.*

18. *Hofintendant Graf Aurelio von Savioli. Ignaz Holzbauer, stellte Mozart den Grafen Savioli vor. Mozart durfte daraufhin bei der Gala- Akademie, vor dem Kurfürsten und der Hofgesellschaft auftreten.* Mozart seinerseits fand für die Musik von Holzbauer anerkennende Worte und schreibt in einem Brief:"

19. Die Musick von Holzbauer ist sehr schön. […] am meisten wundert mich, daß

ein so alter Mann wie holzbauer, noch so viell geist hat; denn das ist nicht zu glauben was in der Musick für feüer ist."

– MOZART, 1777

19. *Auflösung der Chiffren: dem Churfüsten sagen, dass, weil ohnedem izt eine schleche witterung zum reisen ist, so wollte ich hierbleiben und den jungen grasen instruiern.*
20. *Auflösung der Chiffren: „Mit dem Churfürsten geredet hat.*
21. *Zwei Scolare: Zwei Schüler von Mozart. Vermutlich Rose Cannabich, die Tochter von Johann Christian Cannabich und Therese Pierron, die Stieftochter von Hofkammerrat Serrarius.*

Brief Antwort des Vaters vom 4. Dezember 1777.

„Am 4. Dezember 1777 schreibt Leopold Mozart an seine Frau und an seinen Sohn. Er erwähnt in diesem Brief auch Nassau Weilburg und die Prinzessin von Oranien.

„Mein liebes Weib, und lieber Sohn!
Daß ihr dasjenige, wo von ihr mir schreibt nun habt abwarten müssen, da habe ich nichts dagegen einzuwenden, auch ist von allem dem was wieder meine Meinung und wieder unsern Nutzen, ia was zum offenbaren schaden auf euerer Reise vorgegangen, nicht mehr zu melden, indem es vorbey, und nicht mehr zu ändern ist.- Daß Du mein Sohn mir aber schreibst, daß alle Speculationen überflüssig sind, und nichts nützen, daß wir doch nicht wissen werden, was geschehen wird, ist der That ohne alle überlegung in den Tag hinein gedacht –und gewiß unbesonnen hin geschrieben. Daß alles nach Willen Gottes gehen wird und muß, wird kein vernünftiger Mensch, ich will sagen Christ, läugnen. Folgt aber daraus, daß wir blind dahin handeln Hand- und für alles ohnbesorgt leben. keine Anstalten treffen und nur abwarten sollen, bis etwas oben von sich selbst beym Dach neifliegt?—

Verlangt nicht Gott selbst und die vernünftige Welt von uns, daß wir bey allen unsern lungen die folgen und daß Ende nach unsern menschlichen vernunftskräften zu überlegen und so viel uns möglich vorausehen uns bemühen sollen?—wenn dieses nun bey allen unsern Handlungen nötig ist; um wie viel mehr ist bey gegenwärtigen Umständen, auf einer Reise notwendig? oder hast Du, etwa nicht schon die folgen davon?—ist es etwa schon genug, daß Du Schritt blya Cuhrifrotin, ha din Wfntir dm zh befin (22) gethan hast?—mußt Du nicht- oder hättest Du nicht schon längst einen Plan denken sollen, der zu ergreifen ist, wenn dei Sache nicht gehen sollte, und hättest Du nicht längst eine Nachricht geben und meine Meinung darüber hören sollen?— Nun ja –izt schreibst Du –was? wenn wir allenfalls von hier wegreisen sollten so gehen wir schnurgerade nach Weilburg zur Prinzessin Nassau Weilburg *(für die Du die Sonaten in Holland gemacht)dort bleiben wir, so lang und dfl siifcfir-Tmile (23) schmeckt –was für ein annectode ist diese! Dieß ist die Sprache, wie alles das vorübergehende, eines diopirmtin (24), wodurch er sich selbst und mich trösten will– ja, es kommt noch eine usinhng (25) von 6*

Louisd´or dazu, und das wird alles gut machen.- Nun frage ich, ob Du gewis weist, daß die Prinzessin da ist, dan ohne ursache kann sie nicht da seyn, indem der Sitz ihres Herrn, vermög seines Soldatenammts, im Haag ist. hättest Du mir nichts längst eine Meldung davon machen sollen?- eine andre frage ist- ob Du nicht besser thun würdest nach Maynz- und dann von da über Frankfort nach Weilburg zu gehen von Mannheim wird dich doch nach Weilburg der Weg über Frankfurt treffen, und da Du, dann doch nicht immer in Weilburg bleiben wirst, so führt Dich der Weg nach Maynz wieder über Frankfort . Wenn Du aber vorher nach Maynz hehest, und dann nach Weilburg, so wirst Du von Weilburg nach Coblenz einen nahen Weg vermutlich über Nassau haben. oder willst Du Maynz, wo wir so viel gute freunde haben gar vorbeygehen? (26), wo wir doch, ohne beym Churf.; der Krank war zu spielen in 3 Concerten 200 fl. Eingenohmen. Sage mir, mein lieber Sohn, sind das unnötige Speculationen?— Die liebe gute Mamma sagte mir, ich werde Dir schon fleißig Rechnung machen von unsern Ausgaben. gut. genaue Rechnung verlang ich nicht, und dachte niemals daran solche zu fordern; allein Bey eurer Ankunft in Augsp. (Augsburg), hättet ihr mir schreiben sollen, wir haben so viel bey Albert in München bezahlt, durch die Reisekosten ist uns vieles weggegangen, daß wir noch so oder so stehen. Von Augsp. von schriebst du das, nämlich daß ihr der Einahme des Conserts um etlich und 20fl. in Verlurst stehet. Von Mannheim hättet in at Brief wenigst schreiben sollen, die Reise hat uns viel gekostet--, wir stehen nun so—folglich hätte ich bey zeiten, Anstalten gemacht—war etwa meine Anstalt Dir einen Credibrief nach Augsp. zu verschaffen auch eine unnötige Speculation?—glaubst Du wohl h .Herzog – der mein guter alter freund ist –würde dir auf all Dein schreiben von Mannheim ein Geld angeschafft haben, wenn Du nicht an ihn schon einen Credit mitgebracht hättest? — kein Gedanke alles was er, wenns hoch kömmt, würde gethan haben, wäre, daß er sich vorher bey mir darüber angefragt hätte.—muste ich dann erst dort, da ihr am spitze waret erfahren, daß ihr geld braucht. Dh wseetlot mbwmrtin wmo dfr dir Cuhrifrot gmb (27), nicht wahr?, um mir etwa keinen verdruß zu machen—allein das würde mir weniger verdruß gemacht haben, wenn man mir aufrichtig alles zur rechten zeit berichtet hätte, dann ich weis besser als ihr, wie man auf solchen Reisen auf alle Fälle beretet sein muß, um nicht in einem Augenblicke, wo man am wenigsten daran denkt, in eine abscheulicheverlegen zu kommen. Da sind in einem Augenblicke alle Freunde verschwunden. Man muß lustig sein; man muß unterhaltung haben! Aber man muß auch sich zeit nehmen, ernsthaft zu denken, und dieß muß auf Reisen das Hauptaugenmerk seyn, und keinen einzigen tag zu seinem schaden daran lassen—es geht immer ein tag nach dem andrn weg (die izt ohnehinsehr kurz) die alle im Wirtshause kostbar sind. gerecher Gott!ich soll nicht speculieren, nachdem ich nhr wigin Ihcu fzt 450 fl.ocuhedfg bfn. (28),und Du glaubst vielleicht mich dadurch in gute Laune zu bringen, wenn du mir hundert narrposten schreibst. Ich bin zufrieden, wenn Du gutes Muths bist allein anstatt der nach dem alphabebet hinzugesetzen complimente würde ich mehr aufgemuntert sey, wenn du mir wegen der reise nach Weilburg die ursachen und Umstände, dann was Du weiter denkest mit Vernunft geschrieben und meine Meinung in allen falle gehört hättest, und dies hätte schon vor einem Post-tage geschehen können, denn Du wirst nicht itzt auf den gedanken verfallen seyn, und aus Dir hast Du auch nicht wissen können, daß die Prinzessin da ist, ohne daß dir jemand den Einschlag gegeben hätte.

Mit einem Wort! es sind keine überflüssigen speculationen, wenn man etwas vor hat, und sich 2 bis 3 plan darüber formiert und die dazu nötigen veranstaltung vorausmacht , um, wenn eines nicht geht, ohne verhinderung das andere ergreiffen zu können.

Wer anders handelt, ist ein unverständlicher oder leichtsinniger Mensch, dersonderl: bey der heutigen Welt, bey aller der größten Geschicklichkeit immer zurück bleiben, ja unglücklich sein wird, da er über das von schmeilern, Maulfreunden, und Neidern beständig wird hintergangen werden, merke es Dir wohl, mein Sohn, ein einziger Mensch unter 1000, der nicht aus Eigenutz Dein wahrer freund ist, ist eines der größten Wunder dieser Welt. Untersuche alle, die Deine freunde sich nennen oder zeigen, Du wirst die Ursach finden, warum sie es sind , haben sie gar kein interesse für sich dabei, so haben sies für einen anderen ihrer freude, der ihnen nothwendig ist; oder sie sind Deine freunde, um einem dritten durch Deine Erhebung einen verdruß zu machen .Wird aus der sache in amnulfa (29) nichts so habt ihr euren Plan, nach Maynz, Frankfort, Weilburg, Coblenz man muß die ort immer nahe zusamm aussuchen als möglich ist, um kurze

Reisen, wanns seyn kann zu machen und bald wieder an ein Ort zu einer Einnahme zu kommen. Trift euch dieser Brief nicht mehr in Mannheim an, und seyd ihr etwa gar schon in Weilburg: so kann ich auch nicht helfen, seid ihr aber noch in Mannheim und müsst fortreisen, so wird die Mamma in der Post Carthe finden, daß nichts nähers sein kann, als nach Maynz vorher zu gehen. sonst bleibt Maynz weg, oder ihr müsst wieder einigermaßen zurückgehen. IN WEILBURG HABT IHR ZU BEDENKEN; DAß IHR KMTUSESOCUL KFRCUL (30) findet werdet, da alles ehtulrfocu oder CMEVFNFOCU FOT (31). ICH WILL ALSO DAß IHR EUCH NICHT ZU LANGE AUF HÄLT.

Und wer hat euch gesagt, daß man von Würzburg nach Mannheim durch den Spessarthwald muß, da doch der Spesshard bey Aschaffenburg zwischen Fulda und Frankfort liegt? —Dieses wird wohl wieder der h: Becke (32) euch aufgebunden haben. Aschaffenburg und Würzburg sind 10 Meile von ein ander —Es mag seyn daß man dem wald twa rechter Hand gegen Mannheim zu auf einige Stund nahe vorbeyfährt, da ist aber an Würzburg nichts gelegen, ob ihr da waret oder nicht. NB ich habe auch noch eine andere beobachtung wegen der Reise von weilburg nach coblenz gemacht, nämlich, daß der Weg zu Lande geht, und sicherer seyn wird als jener von Maynz nach Coblenz zu lande, der zu nahe ma Rhein gehet. Ich will nun das weitere hören, und ich hätte gar vermuthet, daß mir meine liebes Weib nicht von zeit zu zeit von euern Reiseunkosten eine richtige Nachricht geben sollte, da ich doch 2 mal wegen dem Conto vom Albert gefragt, und solchen auch vom Lambwirth hätte- allein von allen wissen sollen euern Ausgaben darf ich nichts wissen. Ich bitte mir demnach aus, die Mamma möge mir doch einmal einen vertraulichen Brief über diesen Punkt schreiben - Ich will nicht viellen worte, sondern nur so beyläufig durch die wirts Conto sehen, wie man mit euch um gegangen ist, und wo all das geld hingekommen. Dann itzt muß man mit ernst auf Mittl denken sich herauszureisen, mit möglichster Wirtschaft zu reisen, und gute Anstalten treffen, mir aber das allzeit geschwind berichten, was zu unsern schaden oder Nutzen seyn mag. die Chaise müsst ihr bey Leibe nicht verkaufen. Gott erhalte euch und mich ich küsse euch viel 1000000 mahl, und bin alte M.

Fußnoten:

„die Chaise", gemeint ist die Kutsche, mit der sie später nach Kirchheim-Poland reisten, gehörte der Familie Mozart.

22. *Auflösung der Chiffren: beym Churfirsten,* um den Winter da zu bleiben.

23. *die officir- Tafel:* Offizierstafel.

24. *desperaten:* hoffnungslos, verzweifelt.

25. *Hoffnung*

26. *Der Vater ahnte bereits, dass Wolfgang keine rechte Lust verspürte nach Mainz, zu gehen.*
27. Auflösung der Chiffren: Du wolltest abwarten, was dir der Kurfürst gab.
28. Auflösung der Chiffren: nur wegen euch ich 450 fl. schuldig bin.
29. Auflösung der Chiffren: Mannheim.
30. Katholische Kirche.
31. lutherisch oder calvinistisch ist.
32. Gemeint ist Hauptmann Ignaz Beeke (1733-1803) ein komponierender Offizier und Pianist in Wallerstein. Mindestens einmal trat er in Wien zusammen mit Mozart auf.

Was Leopold Mozart über die angeblichen Freunde schreibt, gilt auch für die heutige Zeit. Wenn man an den erzwungenen Rücktritt von Bundespräsident Christian Wulff denkt und sein Verhältnis zu seinen Freunden, ergeben sich erstaunliche

Parallelen: *„Da sind in einem Augenblicke alle Freunde verschwunden",* schreibt der Vater philosophisch. Daran hat sich bis heute nichts geändert. Leopold Mozart können wir für die damalige Zeit recht gute geografische Kenntnisse bescheinigen, obwohl er selbst von Kirchheim Poland, wohl noch nichts gehört hatte und er vielleicht annahm, die Prinzessin würde sich zeitweise in Weilburg, dem Stammsitz der Fürsten von Nassau und Weilburg, aufhalten. Warum Vater Leopold Mozart so sehr erbost war und er sich über die "unnötigen Spekulationen" nicht beruhigen konnte, lag am oben zitierten Brief vom 26. November an den Vater, worin er unter anderem Folgendes schreibt:...

„Nun lassen wir das, wie es ist und wie es seyn wird, was nuzen doch die überflüssigen speculationen, was geschehen wird wissen wir doch nicht—wir wisse eswas gott will. Nun lustig allegro, non siate so pregro, wenn wir allerdings von hier weg –reisen so gehen

wir schnurgerade— wohin? nach Weilburg oder wie es heist zu der Prinzessin, die schwester des Prinz von oranien, die wir a' la Haie so gut gekannt haben. Dort bleiben wir. Nota bene, so langs uns die offiziers tafl schmeckt und bekommen doch gewiss aufs wenigste 6 Loisd'or."

Diese Sorglosigkeit gefiel dem Vater, wie wir oben im Antwortbrief gesehen haben, überhaupt nicht, weil der Sohn Wolfgang zu wenig Ernsthaftigkeit an den Tag legte.

Der Vater wollte, um das Seelenheil seines Sohnes besorgt, auch nicht, dass er sich allzu lange in dem Ort aufhielte, wo es noch nicht mal eine katholische Kirche gab. Und vor allen Dingen sollte er auf die Ausgaben achten und nur an Orte gehen, wo eine Einnahme zu erzielen sei.

Wolfgang schrieb aber in seiner jugendlichen Unbekümmertheit, dass sie so lange bleiben wollen, bis die Offizierstafel schmeckt. Er schreibt in der Mehrzahl, also beabsichtigt er nicht allein nach Weilburg, gemeint ist Kirchheim Poland zu fahren.

Am 17. Januar schreibt Wolfgang Amadeus Mozart seinem Vater aus Mannheim und kündigt seine geplante Reise nach Kirchheim– Poland an.

„Künftigen Mittwoch werde ich auf etliche Tage nach Kirchheim Poland zu der Prinzessin von Oranien gehen; man hat mir hier so viel Gutes von ihr gesprochen, daß ich mich endlich entschlossen habe. Ein holländischer Offizier (3) der mein guter Freund ist, ist von ihr entsetzlich ausgescholten worden, daß er mich, als er herüber kam, ihr das Neujahr anzuwünschen, nicht mitgebracht habe. Auf das Wenigste bekomme ich doch acht Louisd'or, denn weil sie eine außerordentliche Liebhaberin vom Singen ist, so habe ich ihr vier Arien abschreiben lassen, und eine Symphonie werde ich ihr auch geben, denn sie hat ein ganz niedliches

Orchester und gibt alle Tage Akademie. Die Copiatur von den Arien wird mich nicht viel kosten, denn die hat mir ein gewisser Herr Weber (4), welcher mit mir hinüber gehen wird, abgeschrieben. Dieser hat eine Tochter (5), die vortrefflich singt und eine schöne reine Stimme hat und erst 15 Jahre alt ist. Es geht ihr nichts als die Action ab, dann kann sie auf jedem Theater die prima donna machen. Ihr Vater ist ein grundehrlicher deutscher Mann, der seine Kinder gut erzieht, und dieß ist eben die Ursache, warum das Mädel verfolgt wird. Er hat 6 Kinder, 5 Mädel und einen Sohn.

Er hat sich mit Frau und Kindern mit 200 fl. begnügen müssen, und weil er seinem Dienst allezeit gut vorgestanden und dem Churfürsten eine sehr geschickte Sängerin gestellt hat, so hat er nun- ganze 400.fl. Meine Arie von der De Amicis (6) mit den entsetzlichen Passagen sing sie vortrefflich; so wird diese auch zu Kirchheim Poland singen.

Nun etwas Anderes. Vergangenen Mittwoch war in unserem Haus (33), ein großes Tractament (34) und da war ich auch dazu eingeladen. Es waren 15 Gäste und die Madselle vom Hause sollte auf den Abend das Conzert, welches sie gelernt hat, spielen. Um 11 Uhr Vormittag kam der Hr. Kammerrath mit dem Herrn Vogler (10) zu mir herein. Der Hr. Vogler hat absolument mit mir recht bekannt werden wollen in dem mich schon oft geplagt hatte, zu ihm zu kommen, so hat er endlich doch seinen Hochmuth besiegt, und hat mir die erste Visite gemacht. Überhaupt sagen mir die Leute, daß er jetzt ganz anders sey, weil er dermalen nicht mehr so bewundert wird; denn die Leute haben ihn Anfangs zu einem Abgott gemacht. Ich ging also mit ihm gleich hinauf, da kamen so nach und nach die Gäste, und wurde nichts als geschwatzt. Nach Tische aber ließ er zwei Claviere vom ihm holen, welche zusammen stimmen, und auch seine bestochenen langweiligen Sonaten. Ich mußte sie spielen und er accompagnirte mir auf dem andern Clavier dazu. Ich musste auf sein dringliches Bitten auch meine Sonaten holen lassen.

NB. Vor dem Tische hat er mein Conzert (welches die Mademioselle vom Hause spielt und das von der Litzau (35) ist), prima vista – herabgehudelt. Das erste Stück ging prestissimo, das Andante allegro und das Rondo wahrlich prestissmo. Den Baß spielte er meistens anders als er stand, und bisweilen machte er eine ganz andere Harmonie und auch Melodie. Es ist auch nichts anders möglich in der Geschwindigkeit; die Augen können es nicht sehen du die Hände nicht greifen. Ja, was ist denn das?- so ein Prima vista spielen, und – ist bey mir einerley. Die Zuhörer (ich meyne diejenigen, die würdig sind, so genannt zu werden) können nichts sagen, als daß sie Musik und Clavierspielen- gesehen haben. Sie hören, denken und- empfinden so wenig dabey- als er. Sie können sich leicht vorstellen, daß es nicht zum Ausstehen war,

war es nicht gerathen konnte, ihm zu sagen: Viel zu geschwind.

Übrigens ist es auch viel leichter, eine Sache geschwind.

Als langsam zu spielen; man kann in Passagen etliche Noten im Stiche lassen, ohne daß es jemand merkt, es ist aber schön?- Man kann in der Geschwindigkeit mit der rechten und linken Hand verändern, ohne daß es Jemand sieht und hört; es ist aber schön? Und in was besteht die Kunst, prima vista zu lesen? In diesem: das Stück im rechten Tempo, wie es seyn soll, zu spielen, alle Noten, Vorschläge ect. mit der gehörigen Expression und Gusto, wie es steht auszudrücken, so daß man glaubt, derjenige hätte selbst componirt, der es spielt. Seine Applicatur ist auch miserabel, der linke Daumen ist wie bei beim seligen Adlgasser (36), und alle Läufe herab mit der rechten Hand macht er mit dem ersten Finger und Daumen.

Fußnoten:

3. Es handelt sich um diesen gewissen de la Potrie (oder Pottrie), einem holländischen Offizier, wie Mozart meint, den er im Dezember 1777 Mainzer Hof in Mannheim traf, um ihn in „gallanterie" und „general bass" eine" lection" zu geben. Dies schreibt er dem Vater am 20. Dezember 1777. Tatsächlich handelt es sich um einen dänischen Offizier.

5. Fridolin Weber (1733-1779), Sänger, Souffleur und Notenkopist an der Mannheimer Hofbühne.
4. Aloysia Weber, seine Tochter.
5. Anna Lucia Amicis Buonsollazzi, eine berühmte italienische Sängerin, die durch Johann Christian Bach nach London als Primadonna engagiert wurde. Mit den entsetzlichen Passagen ist die Arie Nr. 11: „Ah se il crudel periglio" aus Mozarts Lucio Silla gemeint. Es handelt sich hier um

das Haus des Hofkammerrates, Anton Joseph Serrarius, in der Quadrat Stadt Mannheim. 12. Dezember 1777 bewohnte Mozart mit seiner Mutter, ein Zimmer beim Hofkammerrat Serrarius. Statt Miete zu zahlen, unterrichtete Mozart dessen Stieftochter Therese Pierron am Klavier. Mozart widmete ihr seine Violinsonate, C-Dur KV 296.

33.

34. Veraltete Bezeichnung für Bewirtung, Schmaus.

10. Abbe Georg Joseph Vogler (1749-1814), Komponist, Organist, Priester, Musikpädagoge und Musiktheoretiker. 35. Es handelt sich um die Gattin des Grafen Johann Gottfried von Lützow, Generalmajor und Kommandanten von Hohensalzburg. 36. Anton Cajetan Adlgasser (1729-1777) war Salzburger Domorganist und Komponist. Mozart wurde 1779 für zwei Jahre sein Nachfolger.

Nachdem Wolfgang Amadeus Mozart in seinem Brief vom 17. Januar 1778 den Vater über seine Absicht, nach Kirchheim Poland zu reisen, unterrichtet hatte, informierte auch Anna-Maria Mozart ihren Mann, mit Brief vom 24. Januar 1787, dass Wolfgang nach Kirchheim-Poland reisen wolle und schreibt:

„Mein lieber mann   deinen brief vom 19 ten habe ich heut mit vergniegen empfangen, und die darinen enthaltenen Neuigkeiten erfreuen mich sehr, dan hier höret man gar nichts. Ist alles so still, als wan man nicht in der welt wehre, die leute seuffzen nur, und wünschen sich den Chrifröten (37) wider hier zu haben, dan es ist der statt ein grosser schaden, dan es kommen keine fremde hierher, weill nichts zu sehen ist, in den fasching haben sonst die bürger ihre beste einnahme gehabt, und die leuth praf schehren können, für heur ist es aber mit diesen gewinn Vorbey.

Der wolfgang ist göstern in der fruh mit dem herrn Weber und seiner Mansell Dochter, nach Kirchhheimbolland, zu der Prinzessin Weilburg abgereiset, vor 8 tägen glaube ich schwerlich daß sie sie wird fortlassen dan sie ist eine ungemeine liebhaberin der Music, spilt clavier und singt, der wolfgang hat sich mit arien und sinfonien versehen, um ihr solche zu presendiern, der orth ist nur 10 stund von hier und also nur eine kleine dag Reise, die Prinzessin ist bestendig an disen orth, und Reist nur etwan auf 2 Monath des Jahrs nach holland, ihren bruder zu besuchen, was des wolfang seiner kleider betrifft habe ich ihm seyt der zeit schan anders geredet, er mimbt sie schon mit, auch will ich ihn über reden das er den großen Kusser mimt, dan wan er alle kleider, und seine ganze Music, (die vorhero in 3 großen backen gewesen) in den Kuffer backet so wird er gewiss soll genug und wie ich höre so gehen sie mit dem postwagen (welcher von hieraus gebt, und nicht bey nacht fahrt))so ist es noch besser wenn er sein ganze pagage bey sammen in ein Kuffer hat.von den herrn von grimm (8)hast du noch keine andwort erhalten, ich glaube es wäre guth gewesen, wan du die Adres noch an seine alte wohnung gemacht hettest, dan wan er nicht mehr dorth ist, so wissen sie villeicht wo er hingezogen ist, wegen den briefen so du nach wienn geschrieben hast ist es gar guth, aber ich muss ich erinnern, und ich glaube es wurde auch nicht übel sein, wan du den grasen thun (38) schriebest, der bey dem Klfoir (39) so vill gilt, und wolfgang so gern gehabt hat. es ist hier ein sänger der bey der opera singt mit namen Hartling (40), der hat eine solche liebe und freindschaft zu uns, das er mich Nur seine liebe mama heisset, dieser last dir unbekannter weis auf das beste Empfehlen, erhat mich heut besuchet , um zu sehen, wie ich mich in der abwesenheit befinde, dan hörte er das ich nacher haus schreiben werde, so gabe er mir gleich seine Ergebenste Complimenten auf.

Unsre frau von haus die frau hofkammer Räthin (41), last sich dir auch Empfehlen, sie ist eine gar gutte frau, ich mus den ganzen nachmittag bis um halbe 11 bey ihnen sein so bald ich von essen nanch hause kome, so komt die Mamsell gleich zu mir und holt mich zu ihnen hinauf, da arbeithen wir bis es nacht wird und den nacht Essen spielen wir brandlen (das ich ihnen gelehret habe) 20 March um ein x, da kannst du dir denken, was wir verlieren können. adio lebst beyde gesund ich Küsse euch vill 1000 mahl und verbleib wie alzeit dein getreues weib

Maria Anna Mozart

An alle unsere gutte freinde und freudinen, bitte meine gehorsamste Empfehlung abzulegen, absonderlich an Monsoir bullinger
(42) und Mansell Sallerl (43).

Fußnoten:

37. Gemeint ist der Kurfürst. Kurfürst Maximilian III. von Bayern war am 30. Dezember in München gestorben: *„die leute seuffzen nur und wünschen sich den den Chriföten wider."* Die Leute seufzten und wünschen sich den Kürfürsten wieder zurück.

8. Friedrich Melchior, Baron von Grimm (1723-1807), deutscher Publizist und Sekretär des Herzogs von Orleans. Ein Gönner und Bekannter der Familie Mozart. Er sollte Wolfgang in Paris unterstützen.

38. Gemeint ist der greise Graf, Johann Joseph **Anton Graf von Thun und Hohenstein** (1711-1788) ein Gönner und Freund der Familie Mozart. Mozart schrieb für ihn die 36. Sinfonie.

39. Gemeint ist der Kaiser.

40. Franz Hartling, Sänger.

41. Es handelt sich um die Gattin des Hofkammerrates Serrarius.

42.

43. Abbe Joseph Bullinger (1744-1810) war ein deutscher Theologe und Hauslehrer des Salzburger Adels und Freund der Familie Mozart. Er war mit der Familie Mozart eng befreundet und unterstütze Wolfgang Amadeus Mozart Reise 1777 nach Paris. Im Juli 1778 schrieb Wolfgang Amadeus Mozart einen Brief an Bullinger mit der Bitte, Mozarts Schwester Nannerl und seinen Vater Leopold über die schwere Krankheit und den Tod seiner Mutter (3. Juli) in Paris mündlich vorzubereiten.

44. Gemeint ist Tochter Maria Anna Mozart.

Wolfgang Amadeus Mozart hatte mit seiner Begleitung, auf dem Rückweg von Kirchheimbolanden nach Mannheim, noch einen Abstecher nach Worms gemacht und der Mutter in froher Laune und jugendlichen, Unbekümmertheit einen Brief in Versform geschrieben.

45. Johann Baptist Wendling (1720- 1811),
deutscher Flötist.

Am 1. Februar schreibt Anna Maria aus Mannheim erneut an ihren Mann Leopold Mozart.

„Mein lieber Mann

Deinen brief von 25ten habe ich richtig erhalten, und daraus Deine gesundheit mit Vergiegen vernohmen, der Wolfgang ist noxch nicht von kirchheim zurück gekommen, und wird erst kinsstigen Mittwoch hier eintreffen, der herr weber, hat es seiner frau geschriben, dass die fürstin ihn nicht weck lasset, also meus ich auch damit zufriden sein, was aber seine reise nach paris betrift, kann es die gewis nicht banger sein als mir, wan nur der Monsier grim (45), in paris wehre, so wehre ich außer sorgen, er könnte ihme villicht zu sich ins haus nehmen, oder auf andere arth sein glick machen, denn er ist gewiss ein wahrer freund zu uns auf den man sich verlassen kann. izt habe ich den augenblick einen brief von wolfgang zu bekommen, der ist zu worms und komt morgen zurück, wie froh bin ich wan ich ihm wider sehe, die Neuigkeiten so du *mir von salzburg schreibst, die artikel was den krieg betrifft schreibt der herr kammerhof rath (46) alzeit heraus, und wartet schon alzeit mit verlangen bis ich deine brief bekomme, dan hier wird alles still gehalten, und man höret gar nichts als luegen, was du uns also schreibest halten wür für glaubens artickel, die pfälzer es ware unmöglich das der Chrifrot zu affnfuln (47), bleiben sollte mit einem wort sie schätzen amnulfa hnd pimez für ismlair hnd ocunir mio Bmfrn hnd affnfucin (48), das du die operisten ind haus mimst ist schon recht, wan sie nur nicht den ofen in Neuen zimmer mit villen heizen verderben, und viele*

Säuerey machen wie es bey den welschen (49) der brauch ist, wegen des Wolfgangs seine Sachen mit zu nehmen darffs du dich nicht sorgen, er mües als mit nehmen und den großen Kusser (50), ich lasse es nicht anders geschehen, für mich ist ein kleinerer Kusser gros genug. Die schüzen lista würd woll wider Kleiner werden, wan die 2 herrn von wallerstein (51) wider abreisen. Das der haubtmann becke (52) den wolfgang sucht Kleiner zu machen, glaube ich gern. Dan er ist dato in seinen gegenden.

Und um augspurg wie ein gott gehalten worden, wie sie aber den wolfgang gehört haben, so sagten sie gleich, der schiebt den becke in den Sack. Und es seye zwischen ihnen keine gleichheit zu machen.

Alles erdenkliche an allegutte freinde und freidinen, ab-

sonderlich an Monsier bullinger (53) und Mademselle

Sallerl, ich Küsse euch beyde million mahl und verbleibe

dein getreues weib Mariaanna Mozart

Ich wollte gern mehrer schreiben, sie haben mich aber schon hinauf hollen lassen, dan ich mus den ganzen tag bey ihnen sein, und kome bis nachts bis halbe 11 nicht in mein Zimer. adio lebts nochmals gesund.

Fußnoten:

45. Grimm siehe Fußnote 8
46. Hofkammerrat Anton Joseph Serrarius. Im Haus F3,5 wohnte Mozart mit seiner Mutter, bis zur Abreise nach Paris.
47. Curfirst zu minichen: Kurfürst zu München.
48. mannheim und pflaz für fornehmer und schoner als Bairn und munichen: Mannheim und die Pfalz sind vornehmer und schöner als Bayern.
49. Welschen, auch walsche: ursprüngliche germanische Bezeichnung für die Kelten. Hier aber sind die romanischen Völker in Italien und Frankreich gemeint.

50. *Koffer*

51. *Wallerstein, Fürsten von Öttingen-Wallerstein im Schloss Hohenaltheim.*

52. *Mozart bewarb sich 1777 dort um die Stelle eines Kapellmeisters, jedoch vergebens.*

53. Gemeint ist Hauptmann Ignaz von Beeke, siehe Fußnote 30, deutscher Komponist und Pianist. Stand in Diensten des Fürsten von Öttingen-Wallerstein.

54. Abbe Joseph Bullinger, Hauslehrer in Salzburger Adelshäusern und guter Freund der Familie Mozart

Brief vom 4. Februar an den Vater (auszugsweise) „ich hätte unmöglich den gewöhnlichen Samstag erwarten können, weil ich schon gar zu lange das Vergnügen nicht gehabt habe mich mit ihnen schriftlich zu unterreden.

Daß erste ist daß ich ihnen schreibe, wie es mir mit meinen werthenfreunden in kirchheimPoland ergangen ist. es war eine

VacansReise, und weiter nichts. Freytags morgens um 8 uhr fuhren wir von hier ab, nachdemm ich bey h. weber das frühstück eingenommen hatte, wir hatten eine galante viersitzige kutsche, um 4 uhr kammen wir schon in Kirchheim-Poland an, wir musten gleich ins schloss einen zetul mit unsere Näme schicken. Den anderen tag frühe kamm der H. Concertmeister rothfischer (54) zu uns welcher mir schon in Mannheim als grundehrlicher Mann beschrieben wurde, und ich fand ihn auch so. Abends giengen wir nach hof, das war Samstag; da sang die Mademoiselle weber 3 arien. ich übergehe ihr

singen—mit einem wort vortreflich!- ich habe ja im neuerlichen brief von ihren verdiensten geschrieben, doch werde ich diesen brief nicht schließen können, ohne noch mehr von ihr zu schreiben, da ich sie izt erste recht kennen gelernt, und folglich ihre ganze stäke einsehe. wir musten hernach bei der officier-tafel speisen. Den anderen tag ein ziemlich stuck weege in die kirche, denn die katholische ist ein bischen entfernt. Das war Sonntag. zu mittage waren an der tafel. Abends war keine Musique, weil Sonntag war. Darum haben sie auch nur 300 Musiquen das jahr. Abends hätten wir doch bey hofe speisen können, wir haben aber nicht gewollt, sondern sind lieber unter uns zu hause gebleiben, wir hätten unanimiter von herzen gerne, dass essen bey hofe hergeschenkt, denn wir waren niemahl zu vergnügt als da wir allein beysammen waren, allein wir haben ein wenig aeconomisch gedacht- wir haben so genug zahlen müssen. Den anderen tag Montag war wieder Musique, Dienstag wieder, und Mittwoch wieder. Die Mademoiselle weber sang in allem 13 mahl, und spielte 2 mahl Clavier, denn sie spielt gar nicht, was mich am meisten wundert ist daß sie so gut Noten liest, stellen sie sich vor, sie hat meine schweren Sonaten langsam aber ohne eine Note zu fehlen Prima vista gespielt. Ich will bey meiner ehre meine sonaten lieber von ihr als vom vogler spiellen (55) hören. Ich hab im allen 12 mahl gespiellt, und einmahl auf begehren in der luthrischen kirche auf der orgel und habe der fürstin mit 4 sinfonien aufgewartet und nicht mehr als ofbinlouis d'orNB: fn ofebir gled (56) bekommen, und meine arme liebe weberin fini (57) Das hätte ich mir wahrhaft nicht vorgestellt. Auf viel habe ich mir niemahl hofnung gemacht, aber auf das wenigste ein jedes Mcut (58), basta: wir haben nichts dabey verloren, ich hab noch 42 fl. Profitt, und das unaussprechliche vergnügen mit grund-ehrlichen, gut katholischen und christlichen leuten in bekanntschaft gekommen zu seyn, mir ist leid genug daß ich sie nicht schon lange kenne.   Nun kommt etwas notwendiges, wo ich mir gleich eine antwort darauf bitte. Meine Mama und ich haben uns unterredet, und sind überein gekommen, daß uns das wendlische leben gar nicht gefählt.   Weiter unten in diesen Brief, geht Mozart noch kurz auf den fünftägigen Aufenthalt in Worms ein: Hernach sind wir 5 täge zu worms geblieben.

Dort hat der weber einen schwager, nämlich der Dechant von
Stift. Da waren wir lustig. haben alle täge mittags und Nachts beym h. Dechant gespeist. Das kann ich sagen, diese kleine Reise war ein rechts Exercisium für mich auf dem Clavier.
Der h. Dechant ist ein rechter braver vernünftiger mann......

Fußnoten:

54. *Paul Rothfischer, siehe Fußnote 7*

55. *Abbe Vogler, siehe Fußnote 10*

56. *Auflösung der Chiffren: sieben Louis d'or NB: in silber geld*

57. *fünf*

58. *acht*

Die Mutter fügt dem Brief noch folgende Nachschrift hinzu: Aus diesem Briefe wirst du ersehen haben, daß, wann der Wolfgang eine neue Bekanntschaft macht, er gleich Gut und Blut für solche Leute geben wollte.

Es ist wahr, sie singt unvergleichlich, allein da muß man sein eigenes Interesse niemals auf die Seite setzten; Sobald er mit den Weberischen bekannt geworden, so hat er gleich den Sinn geändert, mit einem Wort: bei anderen Leuten ist er lieber als bei mir, ich mach ihm in einen und andern, was mir nicht gefällt, Einwendungen, und das ist ihm nicht recht. Du wirst also über legen was zu tun ist- Unterdessen verlieren wir hier nichts, ich schreibe dieses in größter Geheim, weil er beim Essen ist, und ich will, damit nicht überfallen werde.

Addio, ich verbleibe Dein getreues Weib.

Er hätte nach Mannheim gehen sollen. Hier wäre ihm vielleicht die Anerkennung zu teil geworden, die er besonders in den letzten Jahren in Wien, so schmerzlich vermisste und er hätte die Prinzessin schnell besuchen können. Er hätte sich mehr schonen müssen und uns noch viele wunderbare Musikwerke schenken können.

Wolfgang Ama'de, ich danke dir.

Erläuterungen:

Die Arie für die Duschek ist KV 272. Il re pastore, KV 208, (der König als Hirt oder auch der Hirtenkönig)

(*) Louis do'r. Die Bezeichnung, Louis d'or, sollte man meines Erachtens nicht wörtlich nehmen. Louis d'or waren eigentlich Goldmünzen. Es ist kaum anzunehmen, dass Wolfgang annahm, acht Goldmünzen als Salär in Kirchheimbolanden zu erhalten. Die Goldmünzen waren knapp und dienten als Rechnungseinheit und wurden in aller Regel in Silbergeld ausgezahlt.

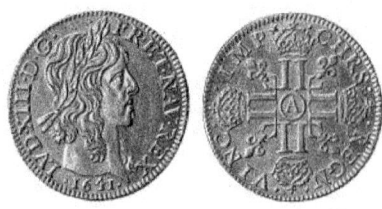

Mozart schreibt ja selbst: NB *in silber geld* und rückt damit seine Enttäuschung aus. Er hatte wohl insgesamt auf Goldstücke gehofft.

Die Abkürzung fl., bezieht sich auf Florentiner, dem ersten Goldgulden. Diese Bezeichnung wurde später auch bei den Silbergulden beibehalten.

(**) Wolfgang Hildesheimer, Mozart Briefe, Inseltaschenbuch 1696, erste Auflage 1995

(***) Polyfonie = vielstimmig

(****) Accompagnare = begleiten

(*****) embrassieren = umarmen

KV: Köchelverzeichnis

Trazom: Die Unterschrift „Trazom", Mozart rückwärts geschrieben, deutet auf eine Vorliebe von Mozart hin.

Schlussbemerkung.

Es ist schlicht unmöglich, ein Genie zutreffend beschreiben zu wollen. Es ist auch nicht nötig, ein Genie beschreibt sich selbst.

Die Leserinnen und Leser, die sich zum ersten Mal ein wenig mit Mozart beschäftigen, sollten hier einen kurzen Überblick über das Leben und Wirken von Wolfgang Amadeus Mozart erhalten.

Es kann sich lediglich, um einen Art Momentaufnahme handeln. Ein kleiner Ausschnitt, der Reise nach Kirchheimbolanden, zur Prinzessin von Oranien, ist eben nur eine Episode im Leben von Mozart.

Ein Streiflicht, das es wert ist, einmal erwähnt zu werden. Leider ist in Kirchheim-Bolanden keine Komposition entstanden. Mozart hatte wohl andere Dinge im Kopf. Aber seine anderen Werke, die er uns hinterlassen hat, sind so schön und zeitlos, dass man sie immer wieder gerne hören kann.

Es gibt sehr gute Fachbücher über Mozart, doch fast alle Autoren stimmen darin überein, dass es schwerfallen wird, ein Genie zu beschreiben.
So führt etwa Autor Wolfgang Hildesheimer, ein profunder Kenner der Materie, in seinem Buch „Mozart", Folgendes aus: "Denn es ist unmöglich, eine Gestalt der Vergangenheit, geschweige denn ein Genie, zu verstehen, wenn man niemals den Versuch gemacht hat, sich selbst zu verstehen".
Dabei möchte ich es auch bewenden lassen. Wer Mozarts Musik hört, empfindet schnell seine Einmaligkeit, die nicht von dieser Welt zu sein scheint.
Mozart dichtete auch. Hier nun das Hochzeitgedicht an seine Schwester Nannerl, aus dem Brief vom 18. August 17 84 aus Wien.

Kleiner Rat

Du wirst im Ehstand viel erfahren,
Was dir ein halbes Rätsel war; Bald wirst du aus Erfahrung wissen, Wie Eva einst hat handeln müssen, Daß sie hernach den Kain gebar.
Doch, Schwester, diese Ehstandspflichten
Wirst du von Herzen gern verrichten, Denn glaube mir, sie sind nicht schwer. Doch jede Sache hat zwo Seiten: Der Ehstand bringt zwar viele Freuden, Allein auch Kummer bringet er.

Drum, wenn dein Mann dir
finstre Mienen, Die du
nicht glaubest zu verdienen,
In seiner übeln Laune
macht, So denke, das ist
Männergrille,

Und sag: Herr, es gescheh
dein Wille Bei Tag, und
meiner in der Nacht.

Mozart dichtete genau so schlecht wie ich.

Wolfgang und Aloisia,

waren nur sehr kurz ein Paar.

Sie wollten schmieden feste Banden,

bei der Prinzessin in Bolanden.

Ihre Liebe wehrte nicht lange.

Dem Vater wurde es schon bange.

Zum Glück hieß sie dann später Lange.

Er spielte in der Paulskirche Polyfon.

Bekam dafür geringen Lohn.

Den Abb'e Vog ler, bedachte er mit Hohn.

Vater Leopold rügte seinen Sohn.

Er sollte reisen nach Paris.

Aloysia in Mannheim er ließ.

Da würde er sie schnell
vergessen.

Das war der Sache
angemesen.

Er solle nicht machen
Narrenpossen,

schrieb ihm der Vater ziemlich
verdrossen.

Von Aloisia Abschied nehmen,

um neue Dinge nun
anzustreben.

Leopold wollte schnell vergessen das Ganze.

Doch die neue Schwiegertochter hieß
Constanze.

Da beißt die Maus sich doch selbst in dem
Schwanze.

Nachklang.

Indes blieb von Mozart, in Kirchheim-Bolanden, Kirchheim-Poland nicht viel übrig. Eine steile Mozartstraße und in der Paulskirche eine Mozart-Loge. „Loge", weil er Freimaurer war.
Alles trug sich zudem in einer Evangelischen Kirche, der Paulskirche zu. Vielleicht wollte man das nicht so oft erwähnen.
Für eine geniale Kirchheim Poland- Komposition, war keine Zeit, obwohl er nach eigenem Bekunden „zwölfmal am Klavier gesessen, der Fürstin darüberhinaus mit vier Sinfonien aufgewartet hatte.
Einmal auf Begehren de Fürstin in der lutherischen Kirche Orgel gespielt hätte. Obwohl er nur ein geringes Salär, für seine musikalischen Darbietungen erhalten hätte nur einmal spielte er dort, dass können man ihm doch verzeihen.
Nun ja, wenn auch in Kirchheim- Bolanden, keine Komposition entstanden ist., hat uns der Meister über 600 Stücke, verschiedene Genre hinterlassen.
Dafür bin ich sehr dankbar.
Ich glaube, es ist nicht pathetisch, wenn ich mich vor Mozart

verneige. Vor einen genialen Komponisten, der früh starb und uns unvergessliche Werke hinterlassen hat.

Zum Schluss noch ein Gemälde der Familie Mozart.

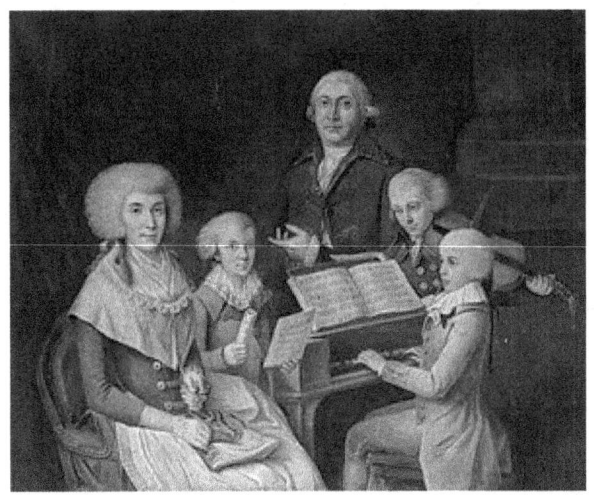

Mozart (am Klavier) Mutter, Vater und Schwester musiziert mit dem gleichaltrigen **Thomas Linley** junior (Violine). Florenz 1770. **Thomas Linley Junior** war ein englischer Komponist und Violinist. (Gemälde eines unbekannten Künstlers Oel auf Leinwand.)

Joachim Schroetter

www.ingramcontent.com/pod-product-compliance
Lightning Source LLC
Chambersburg PA
CBHW052355220526
45465CB00003BA/1115